AF369753

LETTRES ANGLOISES.

TOME PREMIER.

PREMIERE PARTIE.

LETTRES ANGLOISES,

OU

HISTOIRE

DE MISS

CLARISSE HARLOVE.

TOME PREMIER.

PREMIERE PARTIE.

A LONDRES,

Chez N O U R S E, Libraire, dans
le Strand.

M. DCC. LI.

INTRODUCTION.

JE commence par un aveu qui doit faire quelque honneur à ma bonne foi, quand il pourroit en faire moins à mon discernement. De tous les ouvrages d'imagination, sans que l'amour propre me fasse excepter les miens, je n'en ai lû aucun avec plus de plaisir que celui que j'offre au Public ; & je n'ai pas eu d'autre motif pour le traduire.

Si cette déclaration m'oblige de justifier un peu mon goût, j'ajoûterai avec la même franchise, que je ne connois, dans aucun livre du même genre, plus de ces aimables qualités, qui font le charme d'une lecture où l'esprit & le cœur sont également attachés.

Quoique je le mette au rang des Ouvrages d'imagination, parceque l'Editeur Anglois n'éxige pas qu'on en prenne une autre idée, plusieurs personnes respectables de la même Nation m'assurent que c'est l'Histoire d'une famille connue ; & peut-être sera-t'on porté

*

à se le persuader, en apprenant, dans le dernier Tome, par quelle voie tant de Lettres ont été rassemblées.

Ce n'est pas dans les cinq ou six prémieres, qu'il faut s'attendre à trouver un intérêt fort vif. Elles ne contiennent proprement que l'exposition du sujet. On ne demande pas qu'un feu brûle, s'il n'est allumé. Mais ensuite la chaleur se fait sentir à chaque page, dans les trois premiers Tomes, & croît sans cesse jusqu'au dernier (*).

Par le droit suprême de tout Ecrivain qui cherche à plaire dans sa langue naturelle, j'ai changé ou supprimé ce que je n'ai pas jugé conforme à cette vûe. Ma crainte n'est pas, qu'on m'accuse d'un excès de rigueur. Depuis vingt ans que la litterature Angloise est connue à Paris, on sait que pour s'y faire naturaliser, elle a souvent besoin de ces petites réparations. Mais je me suis fait un devoir de conserver, aux caracteres & aux usages, leur teinture nationale. Les droits d'un Tra-

(*) L'Ouvrage en contient six, dont on publie d'abord la moitié. Le reste est sous presse.

ducteur ne vont pas jusqu'à transformer la substance d'un Livre, en lui prêtant un nouveau langage. Dailleurs, quel besoin ? L'air étranger n'est pas une mauvaise recommandation en France.

Si j'étois dans l'usage de mettre un nom célébre à la tête de mes livres, mon choix ne seroit pas incertain. Grandeurs, Richesses, vous n'obtiendriez pas mon hommage. Je supplïerois l'illustre Auteur de Cenie & des Lettres Peruviennes, d'adopter CLARISSE HARLOVE. L'aimable Famille ! Un lieu cheri du Ciel, qui rassembleroit ZILIA, CENIE & CLARISSE, sous les aîles de cette excellente Mere, seroit le Temple de la VERTU & du SENTIMENT.

FAUTES D'IMPRESSION.

Des obſtacles, heureuſement ſurmontés, ont fait gliſſer quelques fautes conſidérables dans les Prémieres Parties. Le Lecteur ſuppléera facilement aux autres.

Tom. I. Part. I. Pag. 6. lig. 6. *affaire,* liſez à faire.

Pag. 8. lig. 5. *votre obligeante partialité,* liſez, cette partialité obligeante.

Pag. 12. l. 3. *que quêlqu'un,* liſ. qu'une perſonne.

P. 31. l. 14. *manquée,* liſ. manqué.

P. 28. l. 1. *d'autres,* liſ. d'autre.

P. 144. l. 14. *ſoutient,* liſ. ſoutien.

P. 148. l. 9. *l'abandonner,* liſ. les abandonner.

P. 188. l. 5. *vous,* liſ. nous.

P. 323. l. 30. *notre tourment,* liſ. notre propre tourment.

On a mis, dans quelque page du même Tome, *conjectures,* au lieu de conjonctures.

II. Partie. P. 29. l. 2. *chez* M. Hall, liſ. au Château de M....

P. dernière, l. 27. *endroits,* liſ. traits.

Tome II. Part. I. P. 10. l. 4. *les manières ?* liſ. ſes manières ?

P. 19. l. 28. *laiſſer,* liſ. laiſſé.

P. 20. l. 6. *créancières,* liſ. créanciers.

P. 98. l. 1. *penſer prendre,* liſ. penſer à prendre.

Tome III. Part. I. P. 72. l. 1. *m'aima, &c.* liſ. m'aime au fond du cœur.

P. 80. l. 10. *chez* M. Hall, liſ. au Château de M....

C. Eisen inv.   Delafosse Sc.

HISTOIRE
DE
CLARISSE
HARLOVE.

LETTRE PREMIERE.

Miss Anne Howe, a Miss Clarisse Harlove.

10 *Janv.*

VOUS ne doutez pas, ma très-chere Amie, que je ne prenne un extréme interêt aux troubles qui viennent de s'élever dans votre Famille. Je sçais combien vous devez vous trouver blessée de devenir le sujet des discours publics. Cependant il est impossible que dans une avanture si éclatante, tout

Tome I.   A

ce qui concerne une jeune Perſonne ,
que ſes qualités diſtinguées ont rendue
comme l'objet du ſoin public , n'excite
pas la curioſité & l'attention de tout
le monde : je brûle d'en apprendre les
circonſtances de vous même , & celles
de la conduite qu'on a tenue avéc vous ,
à l'occaſion d'un accident que vous
n'avez pû empêcher , & dans lequel ,
autant que j'ai pû m'en éclaircir , c'eſt
l'agreſſeur qui ſe trouve mal traité.

Mr. *Diggs* * que j'ai fait appeller ,
à la premiere nouvelle de ce fâcheux
événement , pour m'informer de l'état
de votre Frere , par le ſeul interêt que
je prens à ce qui vous touche , m'a dit
qu'il n'y avoit rien à craindre de la
bleſſure , s'il ne ſurvenoit aucun danger
de la fiévre , qui ſemble augmenter par
le trouble de ſes eſprits. M. *Wyerley* prit
hier le thé avec nous ; & quoique fort
éloigné , comme on le ſuppoſe aiſément , de prendre parti pour M. *Love-*
lace , lui & M. *Symes* blâment votre
Famille du traitement qu'elle lui a
fait , lorſqu'il eſt allé en perſonne s'informer de la ſanté de votre Frere &
marquer le chagrin qu'il reſſent de ce
qui s'eſt paſſé. Ils diſent que Mr. *Lo-*

* Le Chirurgien.

velace n'a pû éviter de tirer l'épée ; &
que, soit défaut d'habileté, soit excès
de violence, votre Frere s'est livré dès
le premier coup. On assure même que
M. *Lovelace*, lui a dit, en s'efforçant de
se retirer : » Prenez garde à vous,
» M. *Harlove*, votre emportement
» vous met hors de défense ; vous me
» donnez trop d'avantage. En faveur
» de votre Sœur, j'en passerai par où
» vous voudrez, si....... Mais ce
» discours ne l'ayant rendu que plus
» furieux, il s'est précipité si témé-
» rairement, que son Adversaire,
» après lui avoir fait une légere blessure
» au bras, lui a pris son épée. «

Votre Frere s'est fait des ennemis
par son humeur impérieuse, & par un
fond de fierté, qui ne peut souffrir
qu'on lui conteste rien. Ceux qui ne
sont pas bien disposés pour lui, racon-
tent qu'à la vue de son sang, qui cou-
loit assez abondamment de sa blessure,
la chaleur de sa passion s'est beaucoup
réfroidie ; & que son adversaire s'étant
empressé de le secourir, jusqu'à l'arrivée du Chirurgien, il a reçû ces généreux soins avec une patience, qui
devoit le faire croire très éloigné de
regarder comme une insulte, la visite

que M. *Lovelace* lui a voulu rendre pour s'informer de sa santé.

Laissons raisonner le Public ; mais tout le monde vous plaint. Une conduite si solide & si uniforme ! tant d'envie , comme on vous l'a toujours entendu dire , de *glisser* usqu'à la fin de vos jours sans être observée ; & je puis ajouter , sans désirer même qu'on remarque vos vœux secrets pour le bien ! *plutôt utile que brillante* , suivant votre devise , que je trouve si juste ! Cependant livrée aujourd'hui , malgré vous , comme il est aisé de le voir , aux discours & aux reflexions ; & blâmée dans le sein de votre Famille pour les fautes d'autrui ! quels tourmens de tous côtés pour une vertu telle que la votre ! Après tout , il faut convenir que cette épreuve n'est que proportionnée à votre prudence.

Comme la crainte de tous vos amis est qu'un démêlé aussi violent , dans lequel il semble que les deux Familles sont à présent engagées , ne produise quelque scene encore plus fâcheuse ; je doit vous prier de me mettre en état , par l'autorité de votre propre témoignage , de vous rendre justice dans l'occasion. Ma Mere , & toutes autant que nous fommes , nous ne nous entretenons , comme le refte du monde , que de vous & des fuites qu'on peut craindre du reffentiment d'un homme auffi vif que M *Lovelace* , qui fe plaint ouvertement d'avoir été traité par vos Oncles avec la derniere indignité. Ma Mere foutient que vous ne pouvez plus, avec décence , ni le voir , ni entretenir de correfpondance avec lui. Elle s'eft laiffée préoccuper l'efprit par votre Oncle *Antonin* , qui nous accorde quelquefois , comme vous fçavez , l'honneur de fa vifite , & qui lui a repréfenté , dans cette occafion , quel crime ce feroit pour une Sœur d'encourager un homme , qui ne peut plus (c'eft fon expreffion) *aller à gué* jufqu'à elle , qu'au travers du fang de fon frere.

Hâtez-vous donc , ma chere Amie , de m'écrire toutes les circonftances de votre hiftoire , depuis que M *Lovelace*, s'eft introduit dans votre Famille. Etendez-vous particulierement fur ce qui s'eft paffé entre votre Sœur & lui. On en fait des récit differens , jufqu'à fuppofer que la Sœur cadette , par la force du moins de fon mérite , a dérobé le cœur d'un Amant à fon aînée ; & je vous demande en grace de vous

expliquer affez nettement, pour fatisfaire ceux qui ne font pas auffi-bien
informés que moi du fond de votre
conduite. S'il arrivoit quelque nouveau
malheur, par la violence des efprits à
qui vous avez affaire, une expofition
naïve de tout ce qui l'aura précedé fera
votre juftification.

Voyez à quoi vous oblige la fupé-
riorité que vous avez fur toutes les
perfonnes de votre fexe. De toutes les
femmes qui vons connoiffent, ou qui
ont entendu parler de vous, il n'y en
a pas une qui ne vous croie refponfable de votre conduite à fon tribunal,
fur des points fi délicats & fi interef-
fans. En un mot tout le monde a les
yeux attachés fur vous & femble vous
demander un exemple. Plût au Ciel,
que vous euffiez la liberté de fuivre vos
principes ! Alors, j'ofe le dire, tout
prendroit un cours naturel, & n'auroit
pas d'autre terme que l'honneur.
Mais je redoute vos Directeurs & vos
Directrices. Votre Mere, avec des
qualités admirables pour conduire, eft
condamnée à fuivre elle-même la conduite d'autrui ; votre Sœur, votre
Frere, vouspoufferont certainement hors
du chemin qui vous eft propre.

Mais je touche un article sur lequel vous ne me permettez pas de m'étendre. Pardon. Je n'ajoûte rien. Cependant, pourquoi vous demander pardon, lorsque vos interêts sont les miens ? lorsque j'attache mon honneur au vôtre, lorsque je vous aime, comme une femme n'en aima jamais un autre ; & lorsqu'agréant cet interêt & cette tendresse, vous m'avez placée, depuis un tems, qu'on peut nommer long pour des personnes de notre âge, au premier rang de vos amies.

ANNE HOWE.

P. S. Vous me feriez plaisir de m'envoyer une copie du préambule de votre grand Pere, aux articles du Testament qu'il a fait en votre faveur, & de permettre que je la communique à ma Tante *Harman*. Elle me prie instamment de lui en procurer la lecture. Cependant elle est si charmée de votre caractere, que sans vous connoître personnellement, elle approuve la disposition de votre grand Pere, avant que de connoître les raisons de cette préférence.

A iiij

LETTRE II.

Miss CLARISSE HARLOVE, à Miss HOWE.

Au Château d'Harlove , 13 Janv.

QUe vous m'embarrassez , très chere Amie , par l'excès de votre politesse ! Je ne saurois douter de votre sincerité ; mais prenez garde aussi de me donner lieu , par votre obligeante partialité , de me défier un peu de votre jugement. Vous ne faites pas attention que j'ai pris de vous quantité de choses admirables , & que j'ai l'art de les faire passer à vos yeux pour des biens qui me sont propres ; car dans tout ce que vous faites , dans tout ce que vous dites , & jusques dans vos regards , où votre ame est si bien peinte , vous donnez des leçons sans le savoir , à une personne qui a pour vous autant de tendresse & d'admiration que vous m'en connoissez. Ainsi , ma chere , soyez désormais un peu moins prodigue de louanges , de peur qu'après l'aveu que je viens de faire , on ne vous soupçonne de prendre un plaisir secret à vous louer vous-même , en voulant qu'on ne vous croye occupée que de l'éloge d'autrui.

Il eſt vrai que la tranquillité de notre Famille à ſouffert beaucoup d'altération, pour ne pas dire que tout y eſt comme en tumulte, depuis le malheureux événement auquel l'amitié vous rend ſi ſenſible, J'en ai porté tout le blâme. Ceux qui me veulent du mal, n'avoient qu'à laiſſer mon cœur à lui-même. J'aurois été trop touchée de ce fatal accident, ſi j'avois été épargnée avec juſtice par tout autre que moi ; car ſoit par un coupable ſentiment d'impatience, qui peut venir de ce qu'ayant toujours été traitée avec beaucoup d'indulgence, je ne ſuis point endurcie aux reproches ; ſoit par le regret d'entendre cenſurer à mon occaſion des perſonnes dont mon devoir eſt de prendre la défenſe ; j'ai ſouhaité plus d'une fois qu'il eût plût au Ciel de me retirer à lui dans ma derniere maladie, lorſque je jouiſſois de l'amitié & de la bonne opinion de tout le monde ; mais plus ſouvent encor de n'avoir pas reçu de mon grand Pere une diſtinction, qui ſuivant les apparences m'a fait perdre l'affection de mon Frere & de ma Sœur, ou du moins qui ayant excité leur jalouſie

& des craintes pour d'autres faveurs de mes deux Oncles, fait difparoître quelquefois leur tendreffe.

La fiévre ayant quitté heureufement mon Frere, & fa bleffure étant en bon état, quoiqu'il n'ait pas encore rifqué de fortir, je veux vous faire la petite Hiftoire que vous défirez, avec toute l'exactitude que vous m'avez recommandée. Mais puiffe le Ciel nous préferver de tout nouvel événement, qui vous obligeât de la produire dans les vûes pour lefquelles votre bonté vous fait craindre qu'elle ne devienne néceffaire.

Ce fût en conféquence de quelques explications entre Mylord M... & mon Oncle *Antonin*, que du confentement de mon Pere & de ma Mere M. *Lovelace* rendit fa premiere vifite à ma Sœur *Arabelle*. Mon Frere étoit alors en Ecoffe, occupé à vifiter la belle Terre, qui lui a été laiffée par fa généreufe Marraine, avec une autre dans Yorkshire, qui n'eft pas moins confidérable. J'étois de mon côté à ma *Ménagerie*, * pour donner quelques ordres

---

*Le mot Anglois *Dairyhoufe*, qui eft dans l'original, fignifie *Laiterie*; le grand - Pere de Clariffe, pour l'attirer chez lui, lorfqu'on vouloit bien fe priver d'elle ailleurs, lui avoit laiffé la liberté de faire

dans cette Terre , que mon grand-Pere m'a léguée & dont on me laiſſe une fois l'an l'inſpection , quoique j'aye remis tous mes droits entre les mains de mon pere.

Ma Sœur m'y rendit viſite , le lendemain du jour qu'on lui avoit amené M. *Lovelace*. Elle me parut extrêmement contente de lui. Elle me vanta ſa naiſſance , la fortune dont il jouiſſoit déja , qui étoit de deux mil liv. ſterling de rente en biens clairs * comme Mylord M... en avoit aſſuré mon Oncle, la riche ſucceſſion de ce Seigneur , dont il étoit héritier préſomptif , & ſes grandes eſpérances du côté de Lady *Sara Sadleir* , & de Lady *Betti Lawrance* , qui ne ſouhaitoient pas moins que ſon Oncle de le voir marié , parce qu'il eſt le dernier de leur ligne. ɔɔ Un ɔɔ ſi bel homme ! Oh ſa chere Claɔɔ ry ! cc ** car dans l'abondance de ſa bonne humeur elle étoit prête alors

dans ſa Terre une Ménagerie de ſon goût. Elle y avoit réuni toutes les commodités poſſibles , avec une élegante ſimplicité , & la Terre en avoit pris le nom de *Dairyhouſe* , par le déſir même du grand-Pere , quoiqu'on la nommât auparavant *The grove ,* c'eſt-à-dire , le Boſquet.

* Environ cinquante mil francs.

** C'eſt un diminutif de Clariſſe , & un petit nom de tendreſſe ; comme *Nanette* au lieu d'Anne.

à m'aimer. » Il n'étoit que trop bel
» homme pour elle. Que n'étoit-elle
» aussi aimable que quelqu'un de sa
» connoissance ? Elle auroit pû espérer
» de conserver son affection : car elle
» avoit entendu dire qu'il étoit dissipé,
» fort dissipé ; qu'il étoit léger , qu'il
» aimoit les intrigues. Mais il étoit
» jeune. Il étoit homme d'esprit. Il
» reconnoîtroit ses erreurs , pourvû
» qu'elle eût seulement la patience de
» supporter ses foiblesses , si ses foi-
» blesses n'étoient pas guéries par le
» mariage « Après cette excursion ,
elle me proposa de voir ce charmant
homme ; c'est le nom qu'elle lui donna.
Elle retomba dans ses réflexions sur la
crainte de n'être pas assez belle pour lui.
Elle ajouta qu'il étoit bien fâcheux
qu'un homme eut de ce côté-là tant
d'avantage sur sa femme. Mais s'approchant alors d'une glace , elle commença bien-tôt à se complimenter elle-
même ; à trouver » qu'elle étoit assez
» bien ; que quantité de femmes ,
» qu'on estimoit passables , lui étoient
» fort inférieures. On avoit toujours
» jugé sa figure agréable. Elle vouloit
» bien m'apprendre que l'agrément
» n'ayant pas tant à perdre que la

>> beauté , étoit ordinairement plus du-
>> rable ; & se tournant encore vers le
>> miroir : >> Certainement ses traits
>> n'étoient pas irréguliers , ses yeux
>> n'étoient pas mal. « Je me souviens
en effet , que dans cette occasion , ils
avoient quelque chose de plus brillant
qu'à l'ordinaire. Enfin elle ne se trouva
aucun défaut , quoiqu'elle ne fut pas
sûre , ajouta-t'elle , d'avoir rien d'extrêmement engageant. Qu'en dites vous
Clary ?

Pardon , ma chere. Il ne m'est jamais —
arrivé de révéler ces petites miseres ;
jamais , pas même à vous : & je ne par-
lerois pas aujourd'hui si librement d'une
Sœur , si je ne savois, comme vous le
verrez bien-tôt , qu'elle se fait un mérite auprès de mon Frere , de défavouer
quelle ait jamais eu du goût pour M.
Lovelace. Et puis vous aimez le détail
dans les descriptions, & vous ne voulez
pas que je passe sur l'air & la maniere
dont les choses sont prononcées , parce
que vous êtes persuadée , avec raison ,
que ces accompagnemens expriment
souvent plus que les paroles.

Je la félicitai de ses espérances. Elle
reçut mes complimens avec un grand
retour de complaisance sur elle même.

La seconde visite de M. *Lovelace* parut faire sur elle encore plus d'impreffion. Cependant il n'eût pas d'explication particuliere avec elle, quoiqu'on n'eût pas manqué de lui en ménager l'occafion. Ce fût un fujet d'étonnement ; d'autant plus qu'en l'introduifant dans notre Famille, mon Oncle avoit déclaré que fes vifites étoient pour ma Sœur. Mais comme les femmes qui font contentes d'elles-mêmes, excufent facilement une négligence dans ceux dont elles veulent obtenir l'eftime, ma Sœur trouva une raifon, fort à l'avantage de M. *Lovelace*, pour expliquer fon filence ; c'étoit pure timidité : de la timidité, ma chere, dans M. *Lovelace* ! Affurément, tout vif & tout enjoué qu'il eft, il n'a pas l'air impudent : mais je m'imagine qu'il s'eft paffé beaucoup, beaucoup d'années, depuis qu'il étoit timide.

Cependant ma Sœur s'attacha fort à cette idée. » Réellement, difoit-elle, » M. *Lovelace* ne méritoit pas la mau- » vaife réputation qu'on lui faifoit du » côté des femmes. C'étoit un homme » modefte. Elle avoit crû s'apercevoir » qu'il avoit voulu s'expliquer. Mais une » ou deux fois, lorfqu'il avoit paru prêt » d'ouvrir la bouche, il avoit été retenu

» par une si agréable confusion ! il lui
» avoit témoigné un si profond res-
» pect ! C'étoit, à son avis, la plus par-
» faite marque de considération. Elle
» aimoit extrêmement qu'en galanterie
» un homme fut toujours respectueux
» pour sa maîtresse. « Je crois, ma
chere, que nous pensons toutes de même, & avec raison : puisque si j'en
dois juger parceque j'ai vû dans plusieurs Familles, le respect ne diminue
que trop après le mariage. Ma sœur,
promit à ma Tante *Hervey*, d'user de
moins de réserve la premiere fois que
M. *Lovelace* se présenteroit devant-elle.
» Elle n'étoit point de ces femmes qui
» se font un amusement de l'embarras
» d'autrui. Elle ne comprenoit pas quel
» plaisir on peut prendre à chagriner
» une personne qui mérite d'être bien
» traitée, surtout lorsqu'on est sûre de
» son estime. » Je souhaite qu'elle
n'eût point en vûe quelqu'un que j'aime
tendrement. Cependant sa censure ne
seroit-elle pas injuste ? Je la crois telle ;
n'est-il pas vrai, ma chere ? A l'exception, peut-être, de quelques mots un
peu durs *

* Ces quatre lignes paroîtroient obscures si l'on
n'étoit averti d'avance qu'elles regardent la conduite
de Miss *Hovve*, à l'égard d'un *Homme*, qui la re-
cherchoit en mariage.

Dans la troisiéme visite, *Bella* * se conduisit par un principe si plein de raison & d'humanité ; de sorte, que sur le récit qu'elle en fit elle-même, M. *Lovelace* devoit s'être expliqué. Mais sa *timidité* fut encore la même. Il n'eût pas la force de surmonter un respect si peu de raison. Ainsi cette visite n'eût pas d'autre succès que les premieres.

Ma Sœur ne dissimula plus son mécontentement. Elle compara le caractere général de M. *Lovelace*, avec la conduite particuliere qu'il tenoit avec elle ; & n'ayant jamais fait d'autre épreuve de galanterie, elle avoua qu'un Amant si bizarre lui causoit beaucoup d'embarras. ›› Quelles étoient ›› ses vûes ? Ne lui avoit-il pas été pré- ›› senté, comme un homme qui pré- ›› tendoit à sa main ? Ce ne pouvoit ›› être timidité, à présent qu'elle y ›› pensoit ; puisqu'en supposant que le ›› courage lui manquât pour s'ouvrir ›› à elle-même, il auroit pû s'expli- ›› quer avec son Oncle. Non que ›› d'ailleurs elle s'en souciât beaucoup ; ›› mais n'étoit-il pas juste qu'une femme

* C'est un petit nom, qui est le diminutif d'*Arabella.*

» apprit les intentions d'un homme de
» sa propre bouche, lorsqu'il penfoit à
» l'époufer ? Pour ne rien déguifer,
» elle commençoit à croire qu'il cher-
» choit moins à cultiver fon eftime,
» que celle de fa mere. A la verité tout
» le monde admiroit avec raifon la
» converfation de fa mere : mais fi M.
» Lovelace croyoit avancer fes affaires
» par cette voie, il étoit dans l'erreur ;
» & pour fon propre avantage, il devoit
» donner des raifons d'en bien ufer avec
» lui, s'il parvenoit à faire approu-
» ver fes prétentions. Sa conduite, elle
» ne faifoit pas difficulté de le dire,
» lui paroiffoit d'autant plus extraor-
» dinaire, qu'il continuoit fes vifites,
» en marquant une paffion extrême de
» cultiver l'amitié de toute la Famille ;
» & que fi elle pouvoit prendre fur elle
» de fe joindre à l'opinion que tout le
» monde avoit de lui, il ne pouvoit
» douter qu'elle n'eût affez d'efprit
» pour l'entendre à demi mot, puif-
» qu'il avoit remarqué quantité d'affez
» bonnes chofes qui étoient forties de fa
» bouche, & qu'il avoit paru les enten-
» dre avec admiration. Elle étoit obli-
» gée de le dire, les referves coutoient
» beaucoup à un caractére auffi ouvert

» & auſſi libre que le ſien. Cependant
» elle étoit bien aiſe d'aſſurer ma Tan-
» te (à qui tout ce diſcours étoit adreſ-
» ſé) qu'elle n'oublieroit jamais ce
» qu'elle devoit à ſon ſexe & à elle-
» même; M. *Lovelace* fût il auſſi exempt
» de reproche par ſa morale , que par
» ſa figure , & devint-il beaucoup plus
» preſſant dans ſes ſoins. «

Je n'étois pas de ſon conſeil. J'étois
encore abſente. La réſolution fut priſe,
entre ma Tante & elle , que s'il n'arrivoit rien , dans la premiere viſite , qui
parut lui promettre une explication ,
elle prendroit un air froid & compoſé.
Mais il me ſemble que ma Sœur n'a-
voit pas bien conſideré le fond des
choſes. Ce n'étoit pas cette méthode ,
comme l'expérience l'a fait voir , qu'il
falloit employer avec un homme de
la pénétration de M. *Lovelace* , ſur des
points de pure omiſſion : ni même avec
tout autre homme ; car ſi l'amour n'a
pas jetté des racines aſſez profondes
pour en faire naitre la déclaration , ſur
tout lorſque l'occaſion en eſt offerte ,
il ne faut pas s'attendre que le chagrin
& le reſſentiment puiſſent ſervir à l'a-
vancer. D'ailleurs , ma chere Sœur n'a
pas naturellement la meilleure humeur
du monde. C'eſt une vérité que je m'é-

forcerois inutilement de cacher ; sur
tout à vous. Il y a donc beaucoup d'apparence , qu'en voulant paroître un peu
plus difficile qu'à l'ordinaire , elle ne se
montra pas fort à son avantage.

J'ignore comment cette conversation
fut ménagée. On seroit tenté de croire
par l'événement , que M. *Lovelace* fut
assez généreux, non seulement pour sai-
sir l'occasion qu'on lui offroit , mais
encore pour l'augmenter Cependant
il jugea aussi qu'il étoit à propos de
toucher la question : mais ce ne fut ,
dit-elle à ma tante , qu'après l'avoir
jettée par divers dégrès dans un tel excès de mauvaise humeur , qu'il lui
fut impossible de se remettre sur le
champ. Il reprit son discours en
homme qui attend une réponse dé-
cisive , sans lui laisser le tems de
revenir à elle-même , & sans faire aucun effort pour l'adoucir ; de sorte
qu'elle se vit dans la nécessité de per-
sister dans son refus. Cependant elle lui
donna quelques raisons de croire qu'elle
ne désaprouvoit pas sa recherche , &
qu'elle n'étoit dégoûtée que de la for-
me ; en se plaignant qu'il adressât ses
soins à sa Mere , plus qu'à elle-même ,
comme s'il eût été sûr de son consente-

ment dans toutes sortes de circonstances. J'avoue qu'un tel refus pouvoit
être pris pour un encouragement ; &
tout le reste de sa réponse fut dans le
même goût : » peu d'inclination pour
» un changement d'état, souveraine-
» ment heureuse comme elle étoit !
» pouvoit-elle être jamais plus heureu-
» se ! » & d'autres négatives, que je
crois pouvoir nommer un consentement,
sans faire tomber néanmoins mes réflexions sur ma Sœur : car, dans ces circonstances, que peut dire une jeune
fille, lorsqu'elle a lieu de craindre qu'un
consentement trop prompt ne l'expose
au mépris d'un Sexe, qui n'estime le
bonheur qu'il obtient qu'à proportion
des difficultés qu'il lui coûte. La réponse de Miss *Biddulph*, à quelques
Vers d'un homme qui reprochoit à
notre Sexe d'aimer le déguisement,
n'est pas trop mauvaise; quoique vous
la puissiez trouver un peu libre de la
part d'une femme.

    * » Sexe peu généreux ! de prendre
» droit de notre facilité pour nous mé-
» priser, & de nous accabler de repro-
» ches si nous paroissons trop sévères.
» Voulez-vous nous encourager à vous
» faire lire dans notre cœur ? Jettez le

* C'est la Traduction de six Vers Anglois.

>> masque vous-mêmes, & soyez since-
>> res. Vous parlez de coquetterie :
>> c'est votre fausseté, qui force notre
>> Sexe à la dissimulation. «

Je suis obligée de quitter ici la
plume ; mais je compte de la reprendre
bien tôt.

LETTRE III.

Miss Clarisse Harlove, à Miss Howe.
13 & 14 *Janv.*

TElle fut la réponse de ma Sœur,
& M. *Lovelace* eut la liberté de
l'interprêter comme il le jugeoit à
propos. Ce fut avec les apparences d'un
vif regret, qu'il prit le parti de se rendre à des raisons si fortes. Je suis bien
trompée, ma chere, si cet homme n'est
un franc hypocrite. >>Tant de résolution
>>dans une jeune personne ! Une fermeté
>>si noble ! Il falloit donc renoncer à l'es-
>>pérance de faire changer des sentimens,
>>qu'elle n'avoit adoptés qu'après une
>>mure délibération ! Il soupira, nous a
>>dit ma Sœur, en prenant congé d'elle.
>>Il soupira profondément. Il se saisit
>>de sa main. Il y attacha ses lévres

>> avec une ardeur ! Il se retira d'un air
>> si respectuenx ! Elle l'avoit encore
>> devant les yeux ; toute piquée qu'elle
>> étoit, il s'en fallut peu qu'elle ne fût
>> sensible à la pitié. « Bonne preuve de
ses intentions, que cette pitié ; puisque
dans ce moment il y avoit peu d'apparence qu'il vînt lui renouveller ses
offres. Après avoir quitté *Bella*, il passa
dans l'appartement de ma Mere, pour
lui rendre compte de sa mauvaise fortune ; mais dans des termes si respectueux
pour ma Sœur & pour toute la Famille, & s'il faut en croire les apparences,
avec tant de chagrin de perdre l'espoir
de notre alliance, qu'il laissa dans l'esprit de tout le monde des impressions en
sa faveur, & l'idée que cette affaire ne
manqueroit pas de se renouer. Je crois
vous avoir dit que mon Frere étoit alors
en Ecosse. M. *Lovelace*, reprit le chemin de Londres, où il passa quinze
jours entiers. Il y rencontra mon Oncle
Antonin, auquel il se plaignit fort amérement de la malheureuse résolution
que sa Niéce avoit formée de ne pas
changer d'état. On reconnut bien alors
que c'étoit une affaire tout à fait rom-
pue.

Ma Sœur ne se manqua point à elle.

même dans cette occafion. Elle fe fit
une vertu de la néceffité, & l'Amanr
fugitif parut devenir un tout autre homme à fes yeux. » Un perfonnage rem-
» pli de vanité, qui connoiffoit trop fes
» propres avantages ; bien differens
» néanmoins de l'idée qu'elle en avoit
» conçûe. Froid & chaud par caprice
» & par accès. Un amoureux intermit-
» tant, comme la fiévre. Combien ne
» préféroit-elle pas un caractere folide,
» un homme de vertu, un homme de
» bonnes mœurs ? Sa Sœur Clary pou-
» voit regarder comme une entreprife
» digne d'elle, d'engager un homme
» de cette efpece. Elle étoit patiente.
» Elle avoit le talent de la perfuafion,
» pour le ramener de fes mauvaifes ha-
» bitudes ; mais pour elle, il ne lui
» falloit pas un mari fur le cœur duquel
» elle ne pourroit pas compter un mo-
» ment. Elle n'en auroit pas voulu pour
» tout l'or du monde, & c'étoit dans
» la joie de fon cœur, qu'elle s'applau-
» diffoit de l'avoir rejetté. «

Lorfque M. *Lovelace* fut revenu à la
Campagne, il lui prit envie de rendre
vifite à mon Pere & à ma Mere, dans
l'efpérance, leur dit-il, que malgré le
malheur qu'il avoit eu de manquer une

alliance qu il avoit ardemment défirée, il obtiendroit l'amitié d'une Famille pour laquelle il conferveroit toujours du refpect. Malheureufement, fi je puis le dire, j'étois au logis & préfente à fon arrivée. On obferva que fon atten-tion fut toujours fixée fur moi.

Auffi-tôt qu'il fut parti, ma Sœur, qui n'avoit pas été la derniere à faire cette remarque, déclara, par une forte de bravade, que fi fes inclinations fe tournoient vers moi, elle le favorife-roit volontiers. Ma Tante *Hervey* fe trouvoit avec nous. Elle eut la bonté de dire que nous ferions le plus beau couple d'Angleterre, fi ma Sœur n'y mettoit pas d'oppofition. Un Non affurément, accompagné d'un mouvement dédai-gneux, fût la réponfe de ma Sœur. Il auroit été bien étrange qu'après un refus *murement déliberé*, il lui fut refté des prétentions. Ma Mere, déclara que fon unique fujet de dégout pour une alliance avec l'une ou l'autre de fes deux filles, étoit le reproche qu'il y avoit à faire à fes mœurs. Mon Oncle Jules *Harlove*, répondit avec bonté que fa fille *Clary*, c'eft le nom qu'il a pris plaifir à me donner depuis mon enfance, feroit plus propre que toute autre
femme

femme à le réformer. Mon Oncle *Antonin* donna hautement son approbation ; mais en la soumettant, comme ma Tante , aux résolutions de ma Sœur. Alors , elle affecta de répéter les marques de son mépris. Elle protesta que fût-il le seul de son Sexe en *Angleterre* , elle ne voudroit pas de lui, & qu'elle étoit prête à résigner par écrit toutes ses prétentions ; si Miss Clary s'étoit laissée éblouir par son clinquant, & si tout le monde approuvoit les vuës qu'il avoit sur elle.

Mon Pere , après avoir gardé long-tems le silence , étant pressé par mon Oncle Antonin d'expliquer son sentiment, apprit à l'assemblée que dès les premieres visites de M. Lovelace , il avoit reçu une Lettre de son fils *James* , qu'il n'avoit montrée qu'à ma Mere , parce que le traité pour ma Sœur étoit déja rompu : que dans cette Lettre, son fils témoignoit béaucoup d'éloignement pour une alliance avec M. Lovelace, à cause de ses mauvaises mœurs : qu'à la vérité il n'ignoroit pas qu'ils étoient mal ensemble depuis long-tems ; que voulant prevenir toute occasion de mésintelligence & d'animosité dans sa Famille , il suspendroit la déclaration de

ſes ſentimens , juſqu'à l'arrivée de mon
Frere , pour ſe donner le tems d'entendre toutes ſes objections ; qu'il étoit
d'autant plus porté à cette condeſcendance pour ſon fils , qu'en général le
caractere de M. Lovelace n'étoit pas
trop bien établi ; qu'il avoit appris, &
qu'il ſuppoſoit tout le monde informé ,
que c'étoit un homme ſans conduite ,
qui s'étoit fort endetté dans ſes voyages ; & dans le fond , lui plût-il d'ajouter , il a tout l'air d'un diſſipateur.

J'ai ſçû toutes ces circonſtances , en
partie de ma Tante Hervey , en partie
de ma Sœur ; car on m'avoit dit de me
retirer lorſqu'on étoit entré en matiere.
A mon retour, mon Oncle Antonin me
demanda ſi j'aurois du goût pour M.
Lovelace. Tout le monde , ajouta-t'il ,
s'étoit apperçu que j'avois fait ſa con-
quête. Je répondis à cette queſtion ,
point du tout. M. *Lovelace* paroît avoir
trop bonne opinion de ſa perſonne & de
ſes qualités , pour être jamais capable
de beaucoup d'attention pour ſa femme.
Ma Sœur témoigna particulierement
qu'elle étoit ſatisfaite de ma réponſe :
elle l'a trouva juſte , & loua fort mon
jugement , apparemment parce qu'il
s'accordoit avec le ſien. Mais , dès le

jour suivant , on vit arriver Mylord M.... au Château d'Harlove. J'étois alors absente. Il fit sa demande dans les formes , en déclarant que l'ambition de sa Famille étoit de s'allier avec la notre, & qu'il se flattoit que la réponse de la cadette seroit plus favorable à son parent que celle de l'aînée. En un mot les visites de M. Lovelace furent admises , comme celles d'un homme qui n'avoit pas merité que notre Famille manquât de considération pour lui. Mais à l'égard de ses vuës sur moi, mon Pere remit à se déterminer après l'arrivée de son fils ; & pour le reste, on s'en reposa sur ma discrétion. Mes objections contre lui étoient toujours les mêmes. Le tems nous rendit plus familiers ; mais je ne voulus jamais entendre de lui que des discours généraux , & je ne lui donnai aucune occasion de m'entretenir en particulier.

Il supporta cette conduite avec plus de résignation qu'on n'en devoit attendre de son caractere naturel , qui passe pour vif & ardent ; ce qui lui vient sans doute de n'avoir jamais été contrarié dès l'enfance : cas trop ordinaire dans les grandes Familles , où il n'y a qu'un seul fils. Sa mere n'a jamais eu

d'autres enfant que lui. Mais sa patience, comme je vous l'ai déja dit, ne
m'empêchoit pas de remarquer que
dans la bonne opinion qu'il a de lui-
même, il ne doutoit pas que son mérite ne le fit parvenir insensiblement à
m'engager; & s'il y parvenoit une fois,
dit-il un jour à ma Tante Hervey, il se
promettoit que l'impression seroit dura-
ble dans un caractere aussi solide que le
mien. Pendant ce tems-là ma Sœur ex-
pliquoit sa modération dans un autre
sens, qui auroit peut-être eu plus de
force, de la part d'un esprit moins prévenu. ,, C'étoit un homme qui n'avoit
,, point de passion pour le mariage, &
,, qui étoit capable de s'attacher à trente
,, Maîtresses. ,, Ce délai convenoit éga-
,, lement à son humeur volage & au rôle
,, d'indifference que je jouois parfaite-
,, ment. Ce fût son obligeante expres-
,, sion.

Quelque motif qu'il pût avoir pour
ne pas se lasser d'une patience si oppo-
sée à son naturel, & dans une occasion
où l'on supposoit qu'au moins du côté
de la fortune, l'objet de ses recherches
devoit exciter sa plus vive attention,
il est certain qu'il évita par-là quantité
de mortifications; car pendant que mon

Pere suspendoit son approbation jusqu'à l'arrivée de mon Frere, il reçût de tout le monde les civilités qui étoient dûes à sa naissance, & quoique de tems en tems il nous vint des rapports qui n'étoient pas à l'honneur de sa morale, nous ne pouvions l'interroger là-dessus, sans lui donner plus d'avantage que la prudence ne le permettoit dans la situation où il étoit avec nous ; puisqu'il y avoit beaucoup d'apparence que sa recherche seroit refusée, qu'il n'y en avoit qu'elle pût être acceptée. Il se trouva ainsi presque le maître du ton qu'il voulut prendre dans notre Famille. Comme on ne remarquoit rien dans sa conduite qui ne fût extrêmement respectueux & qu'on n'avoit à se plaindre d'aucune importunité violente, on parut prendre beaucoup de goût aux agrémens de sa conversation. Pour moi, je le considerois sur le pied de nos compagnies ordinaires ; & lorsque je le voyois entrer ou sortir, je ne croyois pas avoir plus de part à ses visites que le reste de la Famille.

Cependant cette indifférence de ma part servit à lui procurer un fort grand avantage. Elle devint comme le fondement de cette correspondance par

Lettres qui fuivit bien-tôt, & dans laquelle je ne ferois pas entrée avec tant de complaifance, fi elle n'eut été commencée lorfque les animofités éclaterent. Il faut vous en apprendre l'occafion. Mon oncle Hervey eft Tuteur d'un jeune homme de qualité, qu'il fe propofe de faire partir dans un an ou deux, pour entreprendre ce qu'on appelle *le grand tour*. M. Lovelace lui paroiffant capable de donner beaucoup de lumieres fur tout ce qui mérite les obfervations d'un jeune voyageur, il le pria de lui faire, par écrit, une defcription des Cours & des Pays qu'il avoit vifités, avec des remarques fur ce qu'il y avoit vû de plus curieux. Il y confentit, à condition que je me chargerois de la direction & de l'arrangement de ce qu'il nommoit les fujets. On avoit entendu vanter fa maniere d'écrire. On fe figura que fes relations pourroient-être un amufement agréable pendant les foirées d'Hiver , & que devant être lûes en pleine affemblée , avant que d'être livrées au jeune voyageur , elles ne lui donneroient aucune occafion de s'adreffer particulierement à moi. Je ne fit pas fcrupule d'écrire , pour lui propofer quelquefois

des doutes, ou pour lui demander des
éclaircissemens qui tournoient à l'inf-
truction commune : j'en fis peut-être
d'autant moins que j'aime à me fervir
de ma plume ; & ceux qui font dans
ce goût, comme vous favez, fe plai-
fent beaucoup à l'éxercer. Ainfi, avec
le confentement de tout le monde & les
inftances de mon oncle Hervey, je me
perfuadai que de faire feule la fcrupu-
leufe, ç'eut été une affectation particuliere, dont un homme vain pouvoit
tirer avantage, & fur laquelle ma fœur
n'auroit pas manquée de faire des réfléxions.

Vous avez vû quelques-unes de ces
Lettres, qui ne vous ont pas déplû,
& nous avons crû reconnoître vous &
moi que M. Lovelace étoit un obferva-
teur au-deffus du commun. Ma fœur
convint elle-même qu'il avoit quelque
talent pour écrire, & qu'il n'entendoit
pas mal les defcriptions. Mon pere,
qui a voyagé dans fa jeuneffe, avoüa
que fes obfervations étoient curieufes,
& qu'elles marquoient beaucoup de
lecture, de jugement & de goût.

Telle fut l'origine d'une forte de correfpondance qui s'établit entre lui &
moi, avec l'approbation générale ; tan-

dis qu'on ne ceſſoit pas d'admirer, &
qu'on prenoit plaiſir à voir ſa *patiente
vénération* pour moi ; c'eſt ainſi que
tout le monde la nommoit. Cependant
on ne doutoit pas qu'il ne ſe rendit
bien-tôt plus importun, parceque ſes
viſites devenoient plus fréquentes, &
qu'il ne déguiſa point à ma tante Hervey une vive paſſion pour moi, accompagnée, lui dit-il, d'une crainte qu'il
n'avoit jamais connue, à laquelle il
attribuoit ce qu'il nomma ſa ſoumiſſion
apparente aux volontés de mon pere,
& la diſtance où je le tenois de moi.
Au fond, ma chere, c'eſt peut-être
ſa méthode ordinaire avec notre
ſexe ; car n'a t'il pas eu d'abord les
mêmes reſpects pour ma ſœur ? En
même-tems mon pere, qui s'attendoit à
ſe voir importuné, tenoit prêts tous
les rapports qu'on lui avoit faits à ſon
déſavantage, pour lui en faire autant
d'objections contre ſes vûes. Je vous
aſſure que ce deſſein s'accordoit avec
mes déſirs. Pouvois-je penſer autrement ? & celle qui avoit rejetté M.
Wyerly, parceque ſes opinions étoient
trop libres, n'auroit-elle pas été inex-
cuſable de recevoir les ſoins d'un autre,
dont la pratique l'étoit encore plus ?

Mais je dois avoüer que dans les Lettres qu'il m'écrivoit fur le fujet général, il en renferma plufieurs fois une particuliere, où il me déclaroit les fentimens paffionés de fon eftime, en fe plaignant de ma réferve avec affez de chaleur. Je ne lui marquai pas que j'y euffe fait la moindre attention. Ne lui ayant jamais écrit que fur des matieres communes, je crûs devoir paffer fur ce qu'il m'écrivoit de particulier, comme fi je ne m'en étois point apperçue ; d'autant plus que les applaudiffemens qu'on donnoit à fes Lettres, ne me laiffoient plus la liberté de rompre notre correfpondance fans en découvir la véritable raifon. D'ailleurs, au travers de fes refpectueufes affiduités, il étoit aifé de remarquer, quand fon caractere auroit été moins connu, qu'il étoit naturellement hautain & violent ; & j'avois affez vû de cette efprit intraitable dans mon frere, pour ne pas l'aimer beaucoup dans un homme qui efpéroit m'appartenir encore de plus près.

Je fis un petit effai de cette humeur, dans l'occafion même dont je parle. Après avoir joint, pour la troifiéme fois, une Lettre particuliere à la Lettre générale, il me demanda, dans fa

premiere vifite, fi je ne l'avois pas re-
çue. Je lui dis que je ne ferois jamais
de réponfe aux Lettres de cette nature,
& que j'avois attendu l'occafion qu'il
m'offroit pour l'en affurer. Je le priai
de ne m'en plus écrire, & je lui déclara que s'il le faifoit encore, je lui ren-
verrois les deux Lettres, & qu'il n'auroit plus une ligne de moi.

　　Vous ne fauriez vous imaginer l'air
d'arrogance qui fe peignit dans fes yeux,
comme fi ç'eut été lui manquer que de
n'être pas plus fenfible à fes foins ; ni
ce qu'il lui en couta, lorfqu'il fe fut un
peu remis, pour faire fuccéder un air
plus doux à cet air hautain. Mais je ne
lui fis pas connoître que je m'étois apperçue de l'un ni de l'autre Il me fem-
bla que le meilleur parti étoit de le
convaincre, par la froideur & l'indifférence avec laquelle j'arrêtois des efpérances trop promptes, fans affecter
néanmoins d'orgueil ni de vanité, qu'il
n'étoit pas affez confidérable à mes
yeux pour me faire trouver facilement
un fujet d'offenfe dans fon air & dans
fes difcours ; ou, ce qui revient au
même, que je ne me fouciois point
affez de lui pour m'embarraffer de lui
faire connoître mes fentimens par des

apparences de chagrin ou de joye. Il avoit été assez rusé pour me donner, comme sans dessein, une instruction qui m'avoit appris à me tenir sur mes gardes. Un jour, en conversation, il avoit dit que lorsqu'un homme ne pouvoit engager une femme à lui avouer qu'elle eut du goût pour lui, il avoit une autre voye, plus sure peut-être & plus utile à ses vûes, qui étoit de la mettre en colere contre lui.

Je suis interrompue par des raisons pressantes. Mais je reprendrai le même sujet à la premiere occasion.

CLARISSE HARLOVE.

LETTRE IV.

Miss CLARISSE HARLOVE, à Miss HOWE.

15 *Janvier.*

VOilà, ma chere, où j'en étois avec M. Lovelace, lorsque mon frere arriva d'Ecosse.

Aussi-tôt qu'on lui eut parlé des visites de M. Lovelace, il déclara nettement & sans explication qu'il les désaprouvoit. En général il trouvoit de grands sujets de reproche dans son ca-

B vj

ractere. Mais bien-tôt, mefurant moins fes expreffions, il prit la liberté de dire, en propres termes, qu'il avoit peine à comprendre que fes oncles euffent été capables de propofer un homme de cette forte pour l'une ou l'autre de fes fœurs : & fe tournant en même-tems vers mon pere, il le remercia d'avoir évité de conclure jufqu'à fon retour; mais du ton, à mon avis, d'un fupérieur qui loue un inférieur d'avoir rempli fon devoir dans fon abfence. Il juftifia fon averfion invétérée, par l'opinion publique, & par la connoiffance qu'il avoit acquife de fon caractere au Collége. Il déclara qu'il l'avoit toujours haï, qu'il le haïroit toujours, & qu'il ne le reconnoîtroit jamais pour fon frere, ni moi pour fa fœur, fi je l'époufois.

Voici l'origine que j'ai entendu donner à cette antipathie de Collége. M. Lovelace s'eft toujours fait remarquer par fa vivacité & fon courage, & ne fe diftinguoit pas moins, à ce qu'il femble, par la rapidité furprenante de fes progrès dans toutes les parties de la Littérature. Aux heures de l'étude, il n'y avoit pas de diligence égale à la fienne. Il paroît qu'on avoit généra-

lement cette idée de lui à l'Univerſité, &
qu'elle lui avoit fait un grand nombre
d'amis entre les plus habiles de ſes compagnons, tandis que ceux qui ne l'ai-
moient pas le redoutoient, à cauſe de
ſa vivacité, qui le diſpoſoit trop facilement à les offenſer, & du courage
avec lequel il ſoutenoit l'offenſe après
l'avoir donnée. Il ſe faiſoit par là autant de partiſans qu'il lui plaiſoit, parmi ceux qui n'étoient pas les plus eſ-
timés pour leur conduite ; caractere,
à tout prendre, qui n'eſt pas fort aimable.

Mais celui de mon frere n'étoit pas
plus heureux. Sa hauteur naturelle ne
pouvoit ſupporter une ſupériorité ſi vi-
ſible. On n'eſt pas éloigné de la haine,
pour ceux qu'on craint plus qu'on ne
les aime. Comme il avoit moins d'empire que l'autre ſur ſes paſſions, il s'ex-
poſoit plus ſouvent à ſes railleries, qui
étoient peut-être indécentes, de ſorte
qu'ils ne ſe rencontroient jamais ſans ſe
quereller ; & tout le monde, ſoit par
crainte ou par amitié, prenant le parti
de ſon adverſaire, il eſſuya quantité
de mortifications pendant le tems qu'ils
paſſerent au même Collége. Ainſi on
ne doit pas trouver bien ſurprenant

qu'un jeune homme, dont on ne vante pas la douceur, ait repris une ancienne antipathie, qui a jetté des racines si profondes.

Il trouva ma sœur, qui n'attendoit que l'occasion, prête à se joindre à lui dans ses ressentimens contre l homme qu'il haïssoit. Elle désavoüa hautement d'avoir jamais eu la moindre estime pour M. Lovelace, « jamais aucun ₂₂ goût pour lui. Son bien devoit-être ₂₂ fort chargé. Livré au plaisir, com- ₂₂ me il l'étoit, il étoit impossible qu'il ₂₂ ne fut pas abimé de dettes. Aussi n'a- ₂₂ voit-il pas de maison, ni même d'é- ₂₂ quipage. Personne ne lui disputoit ₂₂ de la vanité. La raison par consé- ₂₂ quent étoit aisée à deviner. ₂₂ Là-dessus elle se vanta sans ménagement de l'avoir refusé, & mon frere lui en fit un sujet d'éloges. Ils se joignirent, dans toutes les occasions, pour le rabaisser, & souvent ils cherchoient à les faire naître. Leur animosité ramenoit-là toutes les conversations ; si elles n'avoient pas commencé par un sujet si familier.

Je ne m'enbarrassois pas beaucoup de le justifier, lorsque je n'étois pas mêlée dans leurs réfléxions. Je leur dis

que je ne faifois pas affez de cas de lui
pour caufer le moindre différend dans
la famille à fon occafion ; & comme on
fuppofoit qu'il n'avoit donné que trop
de fujet à la mauvaife opinion qu'on
avoit de lui, je jugeois qu'il devoit porter la peine de fes propres fautes. Quelquefois à la vérité , lorfque leur chaleur me paroiffoit les emporter au-delà
des bornes de la vraifemblance , je me
fuis crue obligée par la juftice de dire
un mot en fa faveur ; mais on me reprochoit une prévention dont je ne
voulois pas convenir : de forte que fi je
ne pouvois pas faire changer de fujet à
la converfation , je me retirois à mon
claveffin ou dans mon cabinet.

Leurs manieres pour lui , quoique
très - froides & même défobligeantes
lorfqu'ils ne pouvoient éviter de le voir,
n'avoient rien encore d'abfolument in-
jurieux. Ils fe flattoient d'engager mon
pere à lui défendre les vifites. Mais
comme il n'y avoit rien dans fa conduite qui pût juftifier ce traitement à l'é-
gard d'un homme de fa naiffance & de
fa fortune , leurs efpérances furent
trompées. Alors ils s'adrefferent à moi.
Je leur demandai quelle étoit mon autorité pour une démarche de cette na-

ture dans la maison de mon pere, surtout lorsque ma conduite tenoit M. Lovelace si éloigné de moi, qu'il ne pa-
roissoit pas que j'eusse plus de part à ses
visites que le reste de la famille, à l'exception d'eux? Pour se vanger, ils me
dirent que c'étoit un rolle concerté entre lui & moi, & que nous nous en-
tendions mieux, tous deux, que nous
ne voulions qu'on le crût. A la fin, ils
s'abandonnerent tellement à leur passion, que tout d'un coup, * au lieu de
se retirer, comme ils y étoient accoû-
tumés lorsqu'ils le voyoient paroître,
ils se jetterent comme dans son chemin,
avec le dessein formé de l'insulter.

Vous vous imaginez bien que M.
Lovelace le prit très-mal. Cependant
il se contenta de m'en faire des plaintes, en termes fort vifs à la vérité, &
me faisant entendre que sans la considération qu'il avoit pour moi, le pro-
cédé de mon frere n'étoit pas supportable. Je fûs très-fâchée du mérite que
cet incident lui faisoit auprès de moi
dans ses propres idées, d'autant plus
qu'il avoit reçu quelques affronts trop
ouverts pour être excusés. Cependant

* On verra dans la Lettre XIII. les raisons de ce
changement.

je lui dis que dans quelques fautes que mon frere pût tomber, j'étois déterminée à ne pas rompre avec lui, si je pouvois l'éviter ; & que puisqu'ils ne pouvoient se voir tranquillement l'un & l'autre, je serois bien-aise qu'il ne se jettât point au-devant de mon frere, parce que j'étois sure que mon frere ne s'empresseroit pas de le chercher. Il parut fort picqué de cette réponse. La sienne fut qu'il devoit souffrir des outrages, puisque c'étoit ma volonté. On l'avoit accusé lui-même de violence dans son caractere ; mais il espéroit de faire connoître, dans cette occasion, qu'il sçavoit prendre sur ses passions un ascendant dont peu de jeunes gens auroient été capables avec un si juste sujet de ressentiment, & il ne doutoit pas qu'une personne aussi généreuse & aussi pénétrante que moi, n'attribuât cette modération à ses véritables motifs.

Il n'y avoit pas long-tems que mon frere, avec l'approbation de mes oncles, avoit employé un ancien Intendant de Milord M... renvoyé par son Maître, & qui avoit eu quelque part à l'Administration des affaires de M. *Lovelace*, qui l'avoit remercié aussi de

ſes ſervices, pour s'informer de ſes dettes, de ſes ſociétés, de ſes amours, &
de tout ce qui appartenoit à ſa conduite. Ma Tante Hervey me communi-
qua ſecrétement les lumieres qu'on
avoit tirées par cette voye. « L'Inten-
» dant reconnoiſſoit que c'étoit un gé-
» néreux Maître ; qu'il n'épargnoit rien
» pour l'amélioration de ſes terres ;
» qu'il ne s'en rapportoit pas aux ſoins
» d'autrui pour ſes affaires, & qu'il y
» étoit fort entendu ; que pendant ſes
» voyages il avoit fait beaucoup de dé-
» penſe, & contracté des dettes conſi-
» dérables ; mais que depuis ſon re-
» tour il s'étoit réduit à une ſomme
» annuelle, & qu'il avoit réformé
» ſon train, pour éviter d'avoir obli-
» gation à ſon oncle & à ſes tantes,
» qui lui auroient donné tout l'ar-
» gent dont il auroit eu beſoin ; mais
» qu'il n'aimoit pas à les voir entrer
» dans ſa conduite, & qu'ayant ſou-
» vert des querelles avec eux, il les
» traitoit ſi librement qu'il s'en faiſoit
» redouter ; que cependant ſes terres
» n'avoient jamais été engagées, com-
» me mon frere croyoit l'avoir appris ;
» que ſon crédit s'étoit toujours ſoute-
» nu, & qu'à préſent même il n'étoit

» pas loin d'être quitte, s'il ne l'étoit
» déja, avec tous fes créanciers. »

« A l'égard des femmes, on ne l'é-
» pargnoit pas. C'étoit un homme
» étrange. Si fes Fermiers avoient des
» filles un peu jolies, ils fe gardoient
» bien de les laiffer paroître à fes
» yeux. On ne croyoit pas qu'il eût de
» maitreffe entretenue. La nouveauté
» étoit tout pour lui ; c'eft l'expreffion
» de l'Intendant. On doutoit que tou-
» tes les perfécutions de fon oncle &
» de fes tantes puffent le faire penfer
» au mariage. Jamais on ne l'avoit vû
» pris de vin. Mais il entendoit mer-
» veilleufement l'intrigue , & on le
» trouvoit toujours la plume à la main.
» Depuis fon retour, il avoit mené à
» Londres une vie fort déréglée. Il
» avoit fix ou fept compagnons auffi
» méchans que lui, qu'il amenoit quel-
» quefois dans fes terres ; & le Pays fe
» réjouiffoit toujours quand il les voyoit
» partir. Quoique paffionné, on avoüoit
» qu'il avoit l'humeur agréable : il rece-
» voit de bonne grace une plaifante-
» rie ; il vouloit qu'on prit bien les fien-
» nes ; il ne s'épargnoit pas lui-même
» dans l'occafion : enfin , c'étoit, fui-
» vant le récit de l'Intendant, l'homme

» le plus libre qu'il eut jamais connu. »

Ce caractere venoit d'un ennemi ; car, fuivant l'obfervation de ma tante, chaque mot que cet homme difoit à fon avantage étoit accompagné d'un *il faut convenir, on ne peut pas lui refu-fer cette juflice*, &c, pendant que tout le refte étoit prononcé avec plénitude de cœur. Ce caractere néanmoins, quoiqu'affez mauvais, ne répondant point affez aux intentions de ceux qui l'avoient demandé, parcequ'ils l'auroient fouhaité beaucoup pire, mon frere & ma fœur craignirent plus que jamais que la recherche de M. Lovelace ne fut encouragée, puifque la plus fâcheufe partie de leurs informations étoit connue ou fuppofée lorfqu'il avoit été préfenté d'abord à ma fœur. Mais par rapport à moi, je dois obferver que malgré le mérite qu'il vouloit fe faire à mes yeux de fa patience à fupporter les mauvais traitemens de mon frere, je ne lui devois aucun compliment pour le porter à fe réconcilier. Non qu'à mon avis il lui eut fervi beaucoup de faire cette efpéce de cour à mon frere ou à ma fœur ; mais on auroit pû attendre de fa politeffe, & même de fes prétentions, comme vous en

conviendrez , qu'il eut marqué de la
difpofition à faire quelque tentative
dans cette vûe. Au lieu de ce fentiment , il ne témoigna qu'un profond
mépris pour l'un & pour l'autre , fur-
tout pour mon frere , avec un foin affecté d'aggraver le fujet de fes plaintes.
De mon côté , lui infinuer qu'il devoit
changer quelque chofe à cette conduite , ç'eut été lui donner un avantage
dont il fe feroit prévalû , & que j'aurois été bien fâchée de lui avoir accordé fur moi. Mais je ne doutai pas que
ne fe voyant foutenu de perfonne , fon
orgueil n'en fouffrit bien-tôt , & qu'il
ne prit le parti de difcontinuer lui-même fes vifites , ou de fe rendre à Londres , qui avoit été fon féjour ordinaire avant qu'il fe fût lié avec notre famille. Et dans ce dernier cas , il n'a-
voit aucune raifon d'efpérer que je vou-
luffe recevoir fes Lettres ; & bien
moins y répondre , lorfque l'occafion
de ce commerce feroit tout-à-fait fup-
primée.

Mais l'antipathie de mon frere ne
me permit point d'attendre cet événement. Après divers excès , auxquels
M. Lovelace n'oppofa que le mépris ,
avec un air de hauteur qui pouvoit paf-

ɔer pour une attaque , mon frere s'em-
porta un jour juſqu'à lui boucher l'entrée de la porte , comme s'il eut voulu s'oppoſer à ſon paſſage ; & l'enten-
dant parler de moi au portier , il lui
demanda ce qu'il avoit à démêler avec
ſa ſœur. L'autre , d'un air de défi ,
comme mon frere l'a raconté , lui dit
qu'il n'y avoit pas de queſtion à laquelle il ne fut prêt de répondre , mais
qu'il prioit M. *James Harlove*, qui s'é-
toit donné depuis peu d'aſſez grands
airs , de ſe ſouvenir qu'il n'étoit plus
au Collége. Heureuſement le bon Docteur *Levin* , qui m'honore ſouvent de
ce qu'il appelle une viſite de converſation , & qui ſortoit à ce moment de
mon *parloir* * , ſe trouva près de la
porte. N'ayant que trop entendû leurs
diſcours , il ſe mit entr'eux , dans le
tems qu'ils portoient tous deux la main
ſur leurs épées. M. Lovelace , à qui il
apprit où j'étois , paſſa violemment devant mon frere , qu'il avoit laiſſé , me
dit-il , dans l'état d'un ſanglier échauf-
fé , que la chaſſe à mis hors d'haleine.

Cet incident nous allarma tous. Mon
pere inſinua honnêtement à M. Love-

___

* On donne ce nom en Anglererre , à quelques
piéces d'entrée où l'on reçoit compagnie.

lace , & par l'ordre de mon pere je lui dis beaucoup plus ouvertement , que pour la tranquillité de notre famille on souhaitoit qu'il discontinuât ses visites. Mais M. Lovelace n'est pas un homme à qui l'on fasse abandonner si facilement ses desseins , sur tout ceux dans lesquels il prétend que son cœur est engagé. N'ayant pas reçu de défense absolue , il ne changea rien à ses assiduités ordinaires. Je conçus parfaitement que refuser ses visites , que j'évitai néanmoins aussi souvent qu'il me fut possible , c'étoit les pousser tous deux à quelque action désespérée , puisque l'un ne passoit qu'à ma considération sur une offense que l'autre lui avoit causée si volontairement. Ainsi le téméraire emportement de mon frere me jetta dans une obligation dont ma plus forte envie auroit été de me garantir.

Les propositions qu'on fit pour moi, dans l'intervalle , de M. *Symmes* & de M. *Mullins* , qui furent présentés tous deux successivement par mon frere, lui firent garder pendant quelque-tems un peu plus de mesure. Comme on ne me supposoit pas beaucoup de penchant pour M. Lovelace , il se flatta de faire entrer mon pere & mes oncles dans les intérêts de l'un ou l'autre de ces deux concurrens. Mais lorſqu'il eut reconnu que j'avois aſſez de crédit pour me délivrer d'eux, comme j'avois eu, avant ſon voyage d'Ecoſſe & les viſites de M. Lovelace, celui de faire remercier M. Wyerley, il ne connut plus de bornes capables de l'arréter. Il commença par me reprocher une préoccupation ſuppoſée, qu'il traita comme s'il eut été queſtion de quelque ſentiment criminel. Enſuite il inſulta perſonnellement M. Lovelace. Le hazard les avoit fait rencontrer tous deux chez M. *Edouard* Symmes, frere de l'autre Symmes qui m'avoit été propoſé ; & le bon Docteur Levin n'y étant pas pour les arrêter, leur rencontre eut le fâcheux effet que vous n'ignorez pas. Mon frere fut déſarmé, comme vous l'avez ſçû. Il fut apporté au logis ; & nous ayant donné lieu de croire que ſa bleſſure étoit plus dangereuſe qu'elle ne l'étoit réellement, ſurtout lorſque la fiévre fut ſurvenue, chacun jetta des flammes, & tout le mal retomba ſur moi.

Pendant trois jours entiers, M. Lovelace envoya demander matin & ſoir des nouvelles de la ſanté de mon frere. Ses Meſſagers furent mal reçûs, & ne

remporterent

remporterent même que des réponses chocquantes ; ce qui ne l'empêcha pas, le quatriéme jour, de venir prendre les mêmes informations en personne. Mes deux oncles, qui se trouvoient au Château, le reçurent encore moins civilement. Il fallut employer la force pour arrêter mon pere, qui vouloit sortir sur lui l'épée à la main, quoiqu'il eut alors un accès de goûte.

Je tombai évanouie, au bruit de tant de violence, & lorsque j'eus entendu la voix de M. *Lovelace*, qui juroit de ne pas se retirer sans m'avoir vûe, ou sans avoir obligé mes oncles de lui faire des réparations pour l'indigne traitement qu'il avoit reçu de leur part. On les avoit séparés, en fermant soigneusement une porte. Ma mere étoit dans une explication fort vive avec mon pere. Ma sœur, après avoir adressé quelques injures picquantes à M. *Lovelace*, vint m'insulter, aussi-tôt qu'on m'eut rappellé la connoissance. Mais lorsqu'il eut appris l'état où j'étois, il partit, en faisant vœu de se venger.

Il s'étoit fait aimer de tous nos domestiques. Sa bonté pour eux, & l'agrément de son humeur, qui lui faisoit toujours adresser à chacun quel-

que plaisanterie convenable à leur caractere, les avoit mis tous dans ses intérêts. Il n'y en eut pas un qui ne blâ-
mat sourdement dans cette occasion la
conduite de tous les acteurs, excepté
la sienne. Ils firent une peinture si favorable de sa modération & de la noblesse de ses procédés jusqu'à l'extrémité de l'offense, que ce récit, joint à
mes craintes pour les conséquences d'u-
ne si fâcheuse avanture, me fit consentir à recevoir une Lettre qu'il m'envoya la nuit suivante. Comme elle
étoit écrite dans les termes les plus respectueux, avec l'offre de soumettre ses
intérêts à ma décision, & de se gouverner entierement par ma volonté,
les mêmes raisons me porterent quelques jours après à lui faire réponse.

C'est à cette fatale nécessité qu'il
faut attribuer le renouvellement de notre correspondance, si je puis lui donner ce nom. Cependant je n'écrivis
qu'après avoir sçû du frere de M. *Symmes*, qu'il avoit été forcé de tirer l'é-
pée par les dernieres insultes; & que
sur le refus qu'il en avoit fait à ma
considération, mon frere s'étoit oublié
jusqu'à le menacer plusieurs fois de le
frapper au visage. Et par toutes les in-

formations que j'avois pû recueillir, je n'avois pas moins vérifié qu'il avoit été maltraité par mes oncles avec plus de violence que je ne l'ai rapporté. Mon pere & mes oncles furent informés des mêmes circonstances. Mais ils s'étoient trop avancés, en se rendant parties dans la querelle, pour se rétracter ou pour pardonner. Je reçus défense d'entretenir la moindre correspondance avec lui, & de me trouver un moment dans sa compagnie.

Cependant je puis vous faire un aveu, mais en confidence, parceque ma mere m'a recommandé le secret : En me témoignant ses craintes, sur les suites de l'indigne traitement qu'on a fait à M. *Lovelace*, elle m'a dit qu'elle laissoit à ma prudence de prévenir, par les moyens les plus propres, le malheur qui menace une des parties.

Je suis obligée de finir. Mais je crois en avoir dit assez, pour satisfaire pleinement à ce que vous avez souhaité de moi. Il ne convient point à un enfant de justifier son caractere & ses actions aux dépens de ce qu'il révere le plus. Cependant comme je suis bien sure que les événemens qui ne peuvent manquer de venir à la suite, feront intéressans pour une amie telle que vous, qui d'ailleurs n'en communiquera pas plus qu'il ne convient, je continuerai de vous écrire suivant les occasions, avec le détail de circonstances que nous aimons toutes deux dans nos Lettres. Je vous l'ai dit souvent, il n'y a point de plaisir qui égale pour moi celui de converser avec vous ; par Lettres du moins, quand je ne le puis de bouche.

Je dois vous avoüer aussi que je suis extrêmement affligée d'être devenue le sujet des discours publics, jusqu'au point que vous me le dites, & que tout le monde m'en assure. Vos obligeans, vos sages égards pour ma réputation, & l'occasion que vous m'avez donnée de vous raconter mon histoire, avant les nouveaux malheurs qui peuvent arriver & dont je prie le Ciel de nous garantir, font des attentions si dignes de la tendre & ardente amie que j'ai toujours trouvée dans ma chere *Miss Howe*, qu'elles me lient à vous par de nouvelles obligations.

CLARISSE HARLOVE.

*Copie du préambule aux articles du Testa-
ment fait en faveur de Miss CLARISSE
HARLOVE , qu'elle envoya dans la Lettre précédente.*

« Comme les biens dont j'ai fait
» mention, & que j'ai decrits ci-dessus
» sont des biens que j'ai acquis moi-
» même ; comme mes trois fils ont été
» extraordinairement heureux, & qu'ils
» se trouvent fort riches ; l'aîné , par
» les avantages imprévus qu'il tire de
» ses nouvelles mines ; le second, par
» ceux qui lui sont tombés , sans
» s'y être attendu , après la mort de
» plusieurs parens de sa présente fem-
» me, sortie, des deux côtés , de très-
» honorables familles, au-delà des biens
» considérables qu'elle lui a apportés
» en mariage ; mon fils *Antonin* par son
» trafic des Indes Orientales , & par
» ses heureux voyages : en outre , com-
» me mon petit-fils *James* sera suffisam-
» ment pourvû par l'affection que sa
» Marraine *Lovell* a pour lui, sça-
» chant d'elle-même qu'elle lui laisse
» par Acte de donation & par Testa-
» ment , ses terres d'Ecosse & d'Angle-
» terre (car il n'y a jamais eu , dequoi
» Dieu soit béni ! une famille plus

» heureuse dans toutes ses branches) ;
» & comme mon second fils James est
» disposé à traiter favorablement mon
» petit-fils , & aussi ma petite-fille Ara-
» belle, pour laquelle je ne prétens au-
» cunement manquer d'égard , n'ayant
» aucune raison pour cela, car c'est un
» enfant respectueux & qui promet
» beaucoup : comme mes fils Jules &
» Antonin ne témoignent pas d'inclina-
» tion pour le mariage , de sorte que
» mon fils James est le seul qui ait des
» enfans ou qui ait l'apparence d'en
» avoir ; par toutes ces raisons , & par-
» ceque ma bien-aimée petite-fille Miss
» *Clarisse Harlove* a été depuis son en-
» fance une incomparable jeune créa-
» ture dans son respect pour moi , &
» qu'elle a été admirée de toutes les
» personnes qui l'ont connue , comme
» un enfant d'un mérite extraordinai-
» re ; je dois prendre plaisir à la consi-
» dérer comme mon propre enfant par-
» ticulier , & cela sans donner d'of-
» fense , & dans l'espérance qu'on n'en
» prendra aucune , puisque mon fils
» *James* peut répandre ses faveurs à
» proportion , & en plus grande pro-
» portion , sur ma petite-fille Arabelle
» & mon petit-fils James : ces raisons ,

» dis-je, font celles qui me portent à
» difpofer des biens ci-deffus decrits,
» en faveur de ce precieux enfant, qui
» a fait les délices de ma vieilleffe, &
» qui par fon aimable fo miffion & par
» fes foins tendres & obligeans à con-
» tribué, comme je le crois véritable-
» ment, à la prolongation de ma vie.
« Ainfi c'eft ma volonté expreffe &
» mon commandement, & j'enjoins à
» mes trois fils, *Jules, James* & *Antô-*
» *nin*, & à mon petit-fils James, &
» à ma petite-fille Arabelle, autant
» qu'ils refpectent ma bénédiction &
» ma mémoire, & qu'ils fouhaitent que
» leurs dernieres volontés & leurs dé-
» firs foient exécutés par leurs furvi-
» vans, qu'aucun d'eux n'attaque & ne
» contefte les legs & difpofitions fuivan-
» tes en faveur de ma dite petite-fille
» Clariffe, quand-elles ne feroient pas
» conformes à la Loi ou à quelque for-
» malité de la Loi ; & qu'ils ne fouf-
» frent pas qu'elles foient attaquées ou
» conteftées par qui que ce foit, fous
» quelque prétexte que ce puiffe être. »
   Et dans cette confiance, &c. &c. &c.

LETTRE V.

Miss CLARISSE HARLOVE, *à Miss* HOWE.

20 *Janvier.*

JE n'ai pas eu jusqu'aujourdhui la liberté de continuer mon deſſein. Mes nuits & mes matinées n'ont point été à moi. Ma mere s'eſt trouvée fort mal & n'a pas voulu d'autres ſoins que les miens. Je n'ai pas quitté le bord de ſon lit, car elle l'a gardé depuis ma derniere Lettre ; & pendant deux nuits, j'ai eu l'honneur de le partager avec elle.

Sa maladie étoit une violente colique. Les contentions de ces eſprits fiers & mâles, la crainte de quelque déſaſtre qui peut arriver de l'animoſité qui ne fait qu'augmenter ici contre M. *Lovelace*, & de ſon caractere intrépide & vindicatif, qui n'eſt que trop connu, ſont des choſes qu'elle ne peut ſupporter. Et puis les fondemens qui lui paroiſſent jettés avec trop de vraiſemblance pour des jalouſies & des aigreurs, dans une famille juſqu'à préſent ſi heureuſe & ſi unie, affligent exceſſivement une ame douce & ſenſible, qui a toujours ſacrifié à la paix ſa propre satisfaction. Mon frere & ma sœur, qui étoient rarement d'accord, paroissent tellement unis & sont si souvent ensemble, (*caballent* est le terme qui est échappé à ma mere, comme sans y penser) qu'elle tremble pour les conséquences. Ses tendres allarmes tombent peut-être sur moi, parcequ'elle remarque à tout moment qu'ils me regardent avec plus de froideur & de réserve. Cependant, si elle vouloit prendre sur elle-même d'employer cette autorité que lui donne la supériorité de ses talens, toutes ces semences de divisions domestiques pourroient-être étouffées dans leur naissance; surtout étant aussi sure qu'elle peut l'être d'une soumission convenable de ma part, non-seulement parcequ'ils sont mes aînés, mais encore pour l'amour d'une si tendre & si excellente mere. Car si je puis vous dire, ma chere, ce que je ne dirois pas à toute autre au monde, je suis persuadée que si elle avoit été d'un caractere à vouloir souffrir moins, elle n'auroit pas été exposée à la dixiéme partie de ses peines. Ce n'est pas faire l'éloge, me direz-vous, de la générosité de ceux qui sont capables de faire tourner à son propre tourment, tant de bonté & de condescendance.

En vérité , je suis quelquefois tentée
de croire qu'il est en notre pouvoir de
nous faire accorder ce que nous désirons
& respecter autant qu'il nous plaît , en
prenant seulement des manieres brus-
ques pour déclarer nos volontés. On
en est quitte pour être moins aimé;
voilà le pis aller : & si l'on se trouve
en état d'obliger ceux à qui l'on peut
avoir à faire , on ne s'appercevra pas
même qu'ils nous refusent ce sentiment.
Nos flatteurs ne nous reprocheront rien
moins que nos fautes.

S'il n'y avoit pas de vérité dans cette
observation , est - il possible que mon
frere & ma sœur pussent rendre, jusqu'à
leurs torts & leurs emportemens, d'u-
ne si grande importance pour toute la
famille ? « Comment cela sera-t'il pris
» par mon fils, par mon neveu ? Que di-
» ra-t'il là-dessus ? Il faut sçavoir ce qu'il
» en pense. Ce sont des réfléxions qui
précédent chaque démarche de ses supé-
rieurs , dont les volontés devroient être
une régle pour les siennes. Il peut fort
bien se croire en droit d'attendre cette
déférence de tout le monde, lorsque
mon pere, qui est d'ailleurs si absolu ,
veut bien s'y assujettir constamment;
sur - tout depuis que la bonté de sa

Marraine a mis dans l'indépendance
un esprit qui n'a jamais trop connu la
soumission. Mais où ces réfléxions peu-
vent-elles me conduire ? Je sçais que de
toute notre famille, vous n'aimez que
ma mere & moi ; & supérieure au déguisement comme vous l'êtes, vous
me le faites sentir plus souvent que je
ne le souhaiterois. Dois-je donc augmenter vos dégouts, pour ceux en faveur desquels je voudrois vous voir
mieux disposée ? particulierement pour
mon pere ; car s'il ne peut souffrir la
moindre contradiction, il est excusa-
ble. Il n'est pas naturellement de mauvaise humeur : & lorsqu'il n'est pas dans
la torture de ses accès de goute, on re-
connoît aisément dans son air, dans
ses maniéres & dans son entretien,
l'homme de naissance & d'éducation.

Notre sexe, peut-être, doit s'attendre
à souffrir, si j'ose le dire, un peu de
rudesse de la part d'un mari, à qui on
laisse voir, comme à un amant, la préférence qu'on lui donne dans son cœur
sur tous les autres hommes. Qu'on fasse passer tant qu'on voudra, la générosité, pour une vertu d'homme. Mais
dans le fond, ma chere, j'ai observé
jusqu'aujourd'hui qu'une fois sur dix,

on n'en trouve pas dans ce fexe autant
que dans le nôtre. A l'égard de mon
pere, fon humeur naturelle a été un
peu altérée par fa cruelle maladie,
dont les atteintes ont commencé à la
fleur de fon âge, avec une violence capable de faire perdre à la plus active de
toutes les ames, telle qu'étoit la fienne,
tout exercice de fes facultés ; & cela
fuivant les apparences, pour le refte de
fa vie. Une fi trifte fituation à comme
refferré dans lui-même la vivacité de fes
efprits, & leur a fait tourner leur pointe contre fon propre repos : fans compter qu'une profpérité extraordinaire ne
fait qu'ajouter à fon impatience ; car
ceux, je m'imagine, qui ont le plus
de ces biens terreftres en partage, doivent regretter qu'il y en ait quelqu'un
qui leur manque.

Mais mon frere ! Quelle excufe peut-
on donner pour fon humeur brufque &
hautaine ? Je fuis fâchée d'avoir fujet
de le dire, mais c'eft réellement, ma
chere, un jeune homme de mauvais naturel. Il traite quelquefois ma
mere...... En vérité il n'eft pas refpectueux. La fortune ne lui laiffant
rien à défirer, il a le vice de l'âge,
mêlé avec l'ambition de la jeuneffe, &

il ne jouit de rien que de fa fierté ; j'allois dire auffi de fon mauvais cœur. Encore une fois, ma chere, je fortifie votre dégoût pour quelques perfonnes de notre famille. Je me fouviens d'un tems, chere Amie, où il a peut-être dépendu de vous de le former à votre gré. Que n'êtes-vous devenue ma belle-fœur ? C'eut été alors que dans une fœur j'aurois trouvé une véritable amie. Mais il n'eft pas étonnant qu'il n'ait plus de tendreffe pour vous, qui preniez plaifir à le picquer au vif ; & cela, trouvez bon que je le dife, avec un dédain trop afforti à fa hauteur ; paffion qui n'auroit pas manqué d'une chaleur digne de fon objet, & qui l'en auroit peut-être rendu digne lui-même.

Mais finiffons fur cet article. J'exécuterai mon deffein dans ma premiere Lettre, que je me propofe d'écrire immédiatement après le déjeuner. Je remets celle - ci au Meffager que vous avez envoyé demander des nouvelles de notre fanté, avec une inquiétude de mon filence, qui-eft un témoignage ordinaire de votre amitié.

CLARISSE HARLOVE.

L E T T R E   V I.

Miſs CLARISSE HARLOVE, à Miſs HOWE.

20 *Janvier.*

REvenons à l'Hiſtoire de ce qui ſe paſſe ici. La guériſon de mon frere étant fort avancée, quoique vous puiſſiez compter que ſes reſſentimens ſont plûtôt échauffés que réfroidis par ſa petite diſgrace, mes amis (du moins mon pere & mes oncles, ſi mon frere & ma ſœur ne veulent pas être du nombre) commencent à croire que j'ai été traitée durement. Ma mere a eu la bonté de me le dire, depuis que ma derniere Lettre eſt partie.

Cependant je les crois tous perſuadés que je reçois des Lettres de M. Lovelace. Mais comme ils ont appris que Milord M.... eſt plus porté à ſoutenir ſon neveu qu'à le blâmer, ils le redoutent ſi fort, que loin de me faire des queſtions là-deſſus, ils paroiſſent fermer les yeux ſur le ſeul moyen d'adoucir un eſprit violent, qu'ils ont ſi vivement irrité ; car il inſiſte ſur une ſatisfacti on de la part de mes oncles ; & ne manquant point d'adreffe, il regarde peut-être cette méthode comme la plus fure, pour fe rétablir avec quelque avantage dans notre famille. Ma tante Hervey a déja propofé à ma mere s'il ne feroit pas convenable d'engager mon frere à faire un tour dans fes Terres d'Yorkshire, où il avoit deffein d'aller auparavant, & à s'y arrêter jufqu'à la fin de ces troubles.

Mais rien ne paroît fi éloigné de fon intention. Il commence à faire entendre qu'il ne fera jamais tranquille ou fatisfait, s'il ne me voit mariée ; & jugeant que M. Symmes ni M. Mullins ne feront pas acceptés, il a renouvellé la propofition de M. Wyerley, en faveur, dit-il, de la paffion extrême que cet homme a pour moi. J'ai paru peu fenfible à ce compliment. Mais, hier feulement, il parla d'un autre, qui s'eft adreffé à lui par une Lettre & qui fait des offres très-confidérables. C'eft M. Solmes ; le riche Solmes, comme vous fçavez qu'on l'appelle. Cependant ce beau nom ne s'eft attiré l'attention de perfonne.

S'il voit qu'aucun de fes plans de mariage ne réuffiffe, il penfe, m'a-t'on dit, à me propofer de le fuivre en

Ecoſſe, ſous prétexte, comme j'entens,
d'y etablir dans ſa maiſon le même
ordre qui eſt ici dans la notre. Mais le
deſſein de ma Mere eſt de s'y oppoſer,
pour ſon propre interêt; parce qu'ayant
la bonté de me croire utile à la ſoulager
un peu des ſoins domeſtiques , dans
leſquels vous ſçavez que ma Sœur
n'entre pas , elle dit que tout lui retom-
beroit ſur les bras dans mon abſence.
Si d'autres raiſons l'empêchoient de s'y
oppoſer , je le ferois moi-même ; car je
ne ſuis pas tentée , je vous aſſure, de
devenir la femme de charge de mon
Frere ; & je ſuis perſuadée que ſi je
conſentois à ce voyage , il me traiteroit moins comme ſa Sœur , que comme ſa ſervante ; d'autant moins bien
peut-être , que je ſuis ſa ſœur. Et ſi M.
Lovelace alloit ſe mettre dans la fan-
taiſie de me ſuivre , le mal deviendroit
encore pire.

Mais j'ai prié ma chere Mere , qui
apprehende beaucoup les viſites de M.
Lovelace , ſur tout à la veille du départ
de mon frere , qui commence à ſe
trouver aſſez bien pour être bien-tôt en
état de partir , de me procurer la permiſſion d'aller paſſer chez vous une
quinzaine de jours. Croyez vous ma

chere, que votre mere le trouve bon ?

Je n'ose pas demander, dans ces circonstances, la liberté d'aller à ma *Ménagerie*. Je craindrois qu'on ne me soup-
çonnât d'aspirer à l'indépendance à
laquelle je suis autorisée par le testament de mon grand Pere ; & ce désir ne
manqueroit pas d'être expliqué comme
une marque de faveur pour l'homme
qu'on honore à présent d'une si grande
aversion. Au fond, si je pouvois être
aussi tranquille & aussi heureuse ici que
je l'ai toujours été, je défierois & cet
homme & tout son sexe, & je ne regret-
terois jamais d'avoir abandonné la disposition de ma fortune entre les mains
de mon Pere.

Ma Mere vient de me causer beaucoup de joie, en m'apprenant que ma
demande est accordée. Tout le monde
l'approuve, à l'exception de mon
Frere ; mais on lui a déclaré qu'il ne
doit pas s'attendre à donner toujours la
loi. On m'a fait avertir de descendre
dans la grande Salle, où mes deux
Oncles & ma Tante Hervey se trouvent actuellement, pour y recevoir ma
permission dans les formes. Vous savez

ma chere , qu'il regne un grand ton de
cérémonie parmi nous. Mais jamais
Famille ne fut plus unie dans fes differentes branches. Nos Oncles nous regardent comme leurs propres enfans.
Ils déclarent que c'eft en notre faveur
qu'ils vivent dans le célibat ; de forte
qu'ils font confultés fur tout ce qui
peut nous toucher. Ainfi dans un tems
où ils apprennent que M. Lovelace eft
déterminé à nous rendre une vifite, qu'il
appelle d'amitié , mais qui ne finira
pas , je crains , dans de fi bons termes ;
il n'eft pas furprenant qu'on prenne leur
avis fur la permiffion que j'ai deman-
dée d'aller paffer quelques jours chez
vous.

Il faut vous rendre compte de ce qui
vient de fe paffer dans l'affemblée. Je
prévois que vous n'en aurez pas plus
d'amitié pour mon Frere ; mais je fuis
fâchée moi-même contre lui , & je ne
puis m'en empêcher. D'ailleurs il eft à
propos que vous fçachiez les conditions
qu'on m'impofe & les motifs par lefquels on s'eft déterminé à me fatisfaire.

Clary, m'a dit ma Mere en me voyant

paroître, on a pris en considération la demande que vous faites d'aller passer quelques jours chez Miss Howe. Elle vous est accordée.

Contre mon avis, je vous proteste ; à dit mon Frere en l'interrompant d'un ton brusque.

Mon fils ! c'est le seul mot qu'à dit mon Pere, & il a froncé le sourcil. Cet ordre muet a fait peu d'impression. Mon Frere a le bras en écharpe. Il a souvent la petite ruse d'y jetter les yeux, lorsqu'on propose quelque ouverture qui peut tendre à une reconciliation avec M. Lovelace : qu'on empêche donc *cette petite fille* (je suis souvent *cette petite fille*, pour lui) de voir un méprisable libertin.

Personne n'a ouvert la bouche.

Entendez-vous, ma Sœur Clarisse ? prenant le silence de tout le monde pour une approbation. Vous ne devez pas recevoir les visites du Neveu de Mylord M...

Chacun a continué de garder le silence. Il m'a interrogée : entendez-vous dans ce sens, Miss Clary, la permission qu'on vous accorde ?

Monsieur, lui ai-je répondu, je voudrois pouvoir entendre que vous êtes

mon Frere , & que vous vouluffiez
entendre vous même que vous n'êtes
que mon Frere.

O cœur, cœur trop prévenu ! en levant les mains avec un fouris infultant.

Je me fuis tournée vers mon Pere.
Monfieur, j'en appelle à votre juftice.
Si j'ai mérité ces reflexions, je demande
de n'être pas épargnée . Mais fi je ne
fuis pas refponfable de la témérité !...

Qu'on finiffe , a dit mon Pere , qu'on
finiffe de part & d'autre. Vous ne devez
pas recevoir les vifites de ce Lovelace,
quoique.... & vous , mon fils , vous ne
devez laiffer rien échaper au défavantage de votre Sœur. C'eft un digne enfant.

Monfieur , je n'ajoute rien, a-t'il
répliqué. Mais j'ai fon honneur à cœur,
comme celui de toute la Famille.

Et c'eft delà , Monfieur , ai-je ré-
pris , que viennent des reflexions fi
peu fraternelles !

Fort bien , m'a-t'il dit ; mais obfervez s'il vous plait, Mifs, que ce n'eft
pas moi , & que c'eft votre Pere , qui
vous dit que vous ne devez pas recevoir
les vifites de ce Lovelace.

Mon Neveu ! lui a dit ma Tante
Hervey , permettez - moi de remarquer qu'on peut fe fier à la prudence
de ma Niéce Clary.

Je suis convaincue qu'on le peut, a continué ma Mere.

Mais, ma Tante, mais Madame, a représenté ma sœur Arabelle, il me semble qu'il n'y a point de mal à informer ma Sœur sous quelles conditions elle va chez Miss Howe, puisque s'il a l'adresse de s'ouvrir l'entrée de cette maison. . . . .

Vous pouvez compter, a interrompu mon Oncle Jules, qu'il cherchera toutes fortes de moyens pour la voir.

L'Impudent ne les trouveroit pas moins ici, a dit mon Oncle Antonin, & il vaut mieux que ce soit là qu'ici.

Le mieux, a reprit mon Pere, est que ce ne soit nulle part ; & se tournant vers moi, je vous ordonne, sous peine de me déplaire, de ne le pas voir du tout.

Soyez sûr, Monsieur, lui ai-je dit, que je ne le verrai pas dans aucune vûe de l'encourager, & que je ne le verrai pas du tout, si je puis éviter de le voir avec décence.

Vous savez, a dit ma mere, avec quelle indifférence elle l'a vu jusqu'à présent. On peut, comme l'a remarquée ma sœur Hervey, se fier hardiment à sa prudence.

Avec quelle apparente indifference.... a murmuré mon Frere d'un ton moqueur.

Mon Fils! a interrompu févérement mon Pere.

Je n'ajoute pas un mot, a repris mon Frere. Mais s'adreffant à moi , d'un air piquant , il m'a recommandé de ne pas oublier la défenfe.

Telle a été la fin de cette conférence. Vous engagez-vous , ma chere , à ne pas fouffrir que l'homme detefté approche de votre maifon ? Mais quelle contradiction n'y a-t'il pas à confentir que je parte , dans l'idée que c'eft le feul moyen d'éviter ici fes vifites ? s'il vient , je vous charge du moins de ne me jamais laiffer feule avec lui.

Comme je n'ai aucune raifon de douter que mon arrivée ne foit agréable à votre Mere , je vais mettre tout en ordre , pour me procurer le plaifir de vous embraffer dans deux ou trois jours.

CL. HARLOVE.

LETTRE V I I.

Mifs CLARISSE HARLOVE, à Mifs HOWE.

Au Chateau d'Harlove , 20 Fév.

JE commence par des excufes , de ne vous avoir pas plutôt écrit. Hélas ! ma chere , il s'ouvre une trifte perfpec-

tive devant mes yeux. Tout fuccéde au.
gré de mon frere & de ma fœur. Ils
ont trouvé un nouvel amant pour moi.
Quel Amant! Cependant il eft encou-
ragé par tout le monde. Ne foyez plus
furprife qu'on m'ait rappellée au logis
avec tant de précipitation. On ne
m'a donné qu'une heure ; fans autre
avis, comme vous fçavez, que celui
qui m'eft venu avec la voiture qui devoit me rammener. Je n'en ignore plus
la raifon. C'étoit la crainte, indigne
crainte! que fi j'euffe pénétré les motifs qui me faifoient rappeller, je ne
fuffe entrée dans quelque complot avec
M. Lovelace, parcequ'ils ne peuvent
douter de mon dégoût pour celui qu'ils
me propofent.

Ils pouvoient bien y compter; car
fur qui vous imaginez-vous qu'eft tom-
bé leur choix ? Ce n'eft pas fur un autre que M. Solmes. L'auriez-vous crû ?
Ils font tous déterminés, & ma mere
avec les autres. Chere, chere & excellente mere! Comment s'eft-elle ainfi
laiffée féduire! Elle, comme je l'ai fçû
de bonne part, qui eut la bonté de dire,
lorfque M. Solmes fut propofé la premiere fois, que quand il feroit en poffeffion de toutes les richeffes des Indes &

qu'il me les offriroit avec sa main, elle ne le croiroit pas digne de sa chere Clarisse.

‑ L'accueil qu'on m'a fait après une absence de trois semaines, si différent de celui que j'étois accoûtum e de recevoir aprè͏s les moindres absences, ne m'a que trop convaincue que je devois payer cher le bonheur que j'ai goûté dans la Compagnie & la conversation de ma chere amie, pendant cet agréable intervalle. Apprenez-en les circonstances.

Mon frere vint au devant de moi jusqu'à la porte, & me donna la main pour descendre du carosse. Il me fit une profonde révérence. Je vous prie Miss, faites moi la grace.... je le crûs dans un accès de bonne humeur; mais je reconnus ensuite que c'étoit un respect ironique. Il me conduisit ainsi avec des cérémonies affectées, tandis que suivant le mouvement de mon cœur, je m'informois en chemin de la santé de tout le monde, comme si je n'eusse pas touché au moment de les voir tous; & nous entrâmes dans la grande salle, où je trouvai mon pere, ma mere, mes deux oncles & ma sœur.

En entrant, je fus frappée de voir,
sur

sur le visage de mes plus chers Parens,
un air apprêté, auquel je n'ai jamais été
accoûtumée dans les mêmes occasions.
Ils étoient tous assis. Je courus vers mon
Pere, & j'embrassai ses genoux. Je
rendis les mêmes respects à ma Mere. Ils
me reçurent tous deux d'un air froid.
Mon pere ne me donna qu'une bénédiction à demi prononcée Ma Mere, à la
vérité, me nomma sa chere enfant; mais
elle ne m'embrassa point avec l ardeur
ordinaire de sa tendresse.

Après avoir rendu mes devoirs à mes
oncles, & fait mon compliment à ma
sœur, qui m'écouta d'un air sérieux & con-
traint; je reçûs ordre de m'asseoir. Je me
sentois le cœur chargé, & je répondis que
si je n'avois pas un accueil moins effrayant
& moins extraordinaire à esperer, il me
convenoit mieux de demeurer debout.
Mon embarras m'obligea de tourner le
visage & de tirer mon mouchoir.

Aussi-tôt mon frere, ou mon accusa-
teur, prit la parole & me reprocha de
n'avoir pas reçû moins de cinq ou six
visites chez Miss Howe, de la personne
qu'ils avoient tous de si fortes raisons de
haïr, ce fut son expression; & cela malgré l'ordre que j'avois reçu de ne le pas
voir. Niez, me dit-il, si vous l'osez.

Je lui répondis que mon caractere ne m'avoit jamais permis de nier la vérité, & que je n'étois pas difposée à commencer. Dans l'efpace de mes trois femaines, j'avouai que j'avois vû plus de cinq ou fix fois la perfonne dont il vouloit parler. De grace, mon frere, lui dis-je, permettez que j'acheve ; car je le voyois prêt à s'emporter. Lorfqu'il eft venu, il a toujours demandé Madame Howe & fa fille. J'avois quelques raifons de croire, continuai je, qu'elles auroient employé tous leurs efforts pour fe difpenfer de le recevoir ; mais elles m'ont apporté plus d'une fois pour excufe, que n'ayant pas les mêmes raifons que mon pere pour lui interdire l'entrée de leur maifon, fa naiffance & fa fortune les obligeoient à la civilité.

Vous voyez, ma chere, que j'aurois pû faire une autre apologie. Mon frere paroiffoit fur le point de lâcher la bride à fa paffion. Mon pere prenoit la contenance qui annonce toujours un violent orage. Mes oncles parloient bas, d'un ton grondeur, & ma fœur levoit les mains d'un air qui n'étoit pas propre à les adoucir ; lorfque je demandai en grace d'être entendue. Il faut écouter cette pauvre enfant, dit ma mere. C'eft le terme que fa bonté lui fit employer.

Je me flattois, leur dis-je, qu'il n'y avoit rien à me reprocher. Il ne m'auroit pas convenu de prefcrire à Madame & à Mifs Howe de qui elles devoient recevoir des vifites. Madame Howe fe faifoit un amufement du ton de plaifanterie qui régnoit entre fa fille & lui. Je n'avois aucune raifon de leur reprocher que lesvifites qu'elles recevoient de lui me fuffent adreffées, & c'eft ce que j'aurois paru faire, fi j'avois refufé de leur tenir compagnie, lorfqu'il étoit avec elles. Je ne l'avois jamais vû hors de leur préfence; & je lui avois déclaré une fois, lorfqu'il m'avoit demandé quelques momens d'entretien particulier, qu'à moins qu'ii ne fut reconcilié avec ma Famille, il ne devoit pas s'attendre que je fouffriffe fes vifites, & bien moins que je confentiffe à ce qu'il défiroit.

Je leur dis de plus, que Mifs Howe entrant parfaitement dans mes intentions ne m'avoit jamais quittée un moment, tandis qu'il étoit chez elle ; que lorfqu'il y venoit, fi je n'étois pas déja dans la falle, je ne fouffrois pas qu'on m'appellât pourlui;mais que j'aurois regardé comme une affectation,dont il auroit cru pouvoir tirer quelque avantage, de me retirer

lorſqu'il arrivoit, ou de m'obſtiner à ne
pas paroître, lorſque ſa viſite duroit
longtems.

Mon frere m'écoutoit avec une ſorte
d'impatience, à laquelle il étoit aiſé de
connoître qu'il vouloit me trouver coupable, avec quelque force que je puſſe
me juſtifier. Les autres, autant que j'en
puis juger par l'événement, auroient été
ſatisfaits de mes explications, s'ils n'a-
voient pas eu beſoin de m'intimider pour
me vaincre ſur d'autres points. Ce qu'il
en faut conclure, c'eſt qu'ils ne s'atten-
doient point de ma part à une complaiſance volontaire. C'étoit une confeſſion tacite de ce qu'il y avoit de révoltant dans
la perſonne qu'ils avoient à me propoſer.
Je n'eus pas plutôt ceſſé de parler, que
ſans être retenu par la préſence de mon
pere ni par ſes regards, mon frere jura
que pour lui, jamais il ne vouloit entendre parler de reconciliation avec ce libertin, & qu'il me renonceroit pour ſa ſœur
ſi j'encourageois les eſpérances d'un
homme ſi odieux à toute la Famille. Un
homme, qui a failli d'être le meurtrier
de mon frere ! interrompit ma ſœur,
avec un viſage tendu, de la contrainte
même qu'elle faiſoit à ſa paſſion. La
pauvre *Bella*, comme vous ſçavez, a le

viſage potelé, & un peu *ſurnourri*, ſi je
puis employer cette expreſſion. Je ſuis ſûr
que vous me pardonerez plus facilement
un langage ſi libre, que je ne me le pardonne à moi-même. Mais qui pourroit-
être aſſez *reptile*, pour ne pas du moins
ſe tourner lorſqu'il eſt foulé aux pieds?

Mon pere, dont vous ſavez que la voix
eſt terrible lorſqu'il eſt en colere, me dit
avec une action & un ton d'une égale
violence, qu'on m'avoit traitée avec
trop d'indulgence, en me laiſſant la liberté de refuſer ce parti & les autres; &
que c'étoit à préſent ſon tour à ſe faire
obéir. C'eſt la vérité, ajouta ma mere,
& j'eſpere que vous ne trouverez point
d'oppoſition à vos volontés de la part
d'un enfant ſi favoriſé. Pour faire connoître qu'ils étoient tous du même ſentiment, mon oncle Jules dit qu'il étoit
perſuadé que ſa niéce bien aimée n'a-
voit beſoin que de ſçavoir la volonté de
ſon pere pour s'y conformer; & mon
oncle Antonin, dans ſon langage un peu
plus rude, qu'il ne me croyois pas capable de leur donner raiſon d'appréhender
que la faveur qui m'avoit été accordée
par mon grand pere ne me fit aſpirer à
l'indépendance; qu'au reſte ſi c'étoit mon
idée, il vouloit bien m'apprendre que

D iij

le Teſtament pouvoit être caſſé , & qu'il le feroit.

Je demeurai dans un étonnement, tel que vous pouvez-vous l'imaginer. De quelle propoſition , penſai-je en moi-même, ce traitement eſt-il le prélude ? Seroit-il encore queſtion de M. Vyerley? Enfin , de qui va-t'on m'entretenir? Et comme les hautes comparaiſons ſe préſentent plutôt que les baſſes à l'eſprit d'une jeune perſonne , lorſque ſon amour propre y eſt intereſſé ; que ce ſoit qui l'on voudra , penſai-je encore ; c'eſt faire l'amour comme les Anglois le firent pour l'héritiere d'Ecoſſe , au tems d'Edouard VI. Mais pouvois-je ſoupçonner qu'il fut queſtion de Solmes ?

Je ne croyois pas , leur dis-je , avoir donné occaſion à tant de rigueur. J'eſpérois de conſerver toujours un juſte ſentiment de reconnoiſſance pour leurs faveurs , joint à celui de mon devoir en qualité de fille & de niéce. Mais j'étois ſi ſurpriſe , ajoutai-je , d'un accueil ſi extraordinaire & ſi imprévu , que j'eſpérois de la bonté de mon pere & de ma mere la permiſſion de me retirer , pour me remettre un peu de mon embarras. Perſonne ne s'y oppoſant , je fis ma révérence & je ſortis. Mon frere & ma

sœur demeurerent fort contens, je m'i-
magine, & ne manquérent pas de se
féliciter mutuellement d'avoir engagé les
autres à commencer avec moi d'un ton si
févére.

Je montai dans ma chambre ; & là,
sans autre témoin que ma fidelle *Hannah*,
je déplorai les apparences trop certaines
de la nouvelle proposition à laquelle il
étoit clair que je devois m'attendre. A
peine m'étois-je un peu remise, qu'on
me fit avertir de descendre pour le Thé.
Je fis demander par ma femme de chambre la liberté de m'en dispenser. Mais
sur un second ordre, je descendis, en
prenant le meilleur visage qu'il me fût
possible, & j'eus à me purger d'une nouvelle accusation. Mon frere, tant la
mauvaise volonté est subtile en invention,
fit entendre, par des expressions également claires & choquantes, qu'il attribuoit le désir que j'avois eu de me dispenser de descendre, au chagrin d'avoir
entendu parler librement d'une certaine
personne pour laquelle il me supposoit
prévenue. Il me seroit aisé, lui dis-je, de
vous faire une réponse digne de cette
reflexion. Mais je m'en garderai bien. Si
je ne vous trouve pas les sentimens d'un
frere, vous ne me trouverez pas moins

ceux d'une sœur. Le joli petit air de modération ! dit tout bas ma sœur, en regardant mon frere, & levant la lévre avec
mépris. Lui, d'un air impérieux, me dit
de mériter son affection, & que je serois
toujours sure de l'obtenir.

Lorsque nous fûmes assis, ma mere,
avec cette grace admirable que vous lui
connoissez, s'étendit sur l'amitié qui doit
régner entre un frere & des sœurs, & blâma
doucement ma sœur & mon frere d'avoir
conçu trop légerement du chagrin à mon
occasion. Elle ajouta, dans une vue que
je crois un peu politique, qu'elle répon-
doit de ma soumission aux volontés de
mon pere. Alors, dit mon pere, *tout
iroit à merveilles.* L'expression de mon
frere fut : *alors nous l'aimerions tous à la
folie.* Ma sœur dit, *nous l'aimerions comme
auparavant* ; & mes oncles, *elle seroit
l'idole de notre cœur.* Mais hélas ! suis-je
donc exposée à la perte de tant de biens !

Voilà, ma chere, la réception qu'on
m'a faite à mon retour. M. Solmes parut
avant la fin du déjeûner. Mon oncle Antonin me le présenta comme un de ses
amis particuliers. Mon oncle Jules, à
peu près dans les mêmes termes. Mon
pere me dit, sçachez, Clarisse, que M.
Solmes est mon ami. Comme il s'assit près

de moi, ma mere le regarda beaucoup, & me regardoit enfuite d'un air qui me fembloit attendri. Mes yeux fe tournoient auffi vers elle, pour implorer fa pitié; & fi je lançois un coup d'œil fur lui, c'étoit avec un dégoût qui approchoit beaucoup de l'effroi. Pendant ce tems-là, mon frere & ma fœur l'accabloient de civilités. Tant de careffes & d'attentions pour un homme de cette efpece! Mais je n'ajouterai aujourd'hui que mes humbles remercimens à votre chere & refpectable mere, à qui je marquerai par une lettre particuliere la vive reconnoiffance que je lui dois pour toutes fes bontés.   CL. HARLOVE.

LETTRE VIII.

Miſs CLARISSE HARLOVE, à Miſs HOWE
24. *Fév.*

L'Affaire eſt pouffée avec un furieufe chaleur. Ce Solmes, je crois, couche ici. Il ne ceffe de leur faire fa cour, & fa faveur augmente à chaque moment. Des termes fi avantageux ! Un fi riche établiffement ! On n'entend pas d'autre cri.

O ma chere amie! faffe le Ciel que je

n'aye pas sujet de déplorer la faute d'une Famille aussi riche que la mienne! Je puis vous le dire, avec d'autant moins de réserve que nous avons joint cent fois nos regrets, vous pour une mere, moi pour un pere & des oncles, aufquels il n'y a point d'autre reproche à faire que leur excès d'estime pour ce fantôme de bi n, qu'on appelle richesse.

Jusqu'à présent, je suis comme livrée à mon frere, qui prétend avoir pour moi autant de tendresse que jamais Vous pouvez compter que je me suis expliquée fort sincerement avec lui. Mais il affecte de prendre un ton railleur, & de ne pouvoir se persuader qu'une fille aussi discrette & aussi attachée à son devoir que sa sœur Clary, soit jamais capable de désobliger tous ses amis.

En verité, je tremble de mille choses que l'avenir présente à mon imagination, car il est évident pour moi qu'ils sont étrangement déterminés.

Mon pere & ma mere évitent adroitement de me donner l'occasion de les entretenir en particulier. Ils ne me demandent point mon approbation, parce qu'ils feignent apparemment de supposer que j'entre dans leurs vuës. Cependant c'est auprès d'eux que j'espere de prévaloir,

ou je n'ai cette espérance sur personne.
Ils n'ont pas d'interêt, comme mon frere
& ma sœur, à forcer mes inclinations.
Cette raison me rend moins empres-
sée à leur parler. Je réserve toute ma
force pour une audience que je veux
obtenir de mon pere, s'il a la bonté de
m'entendre avec patience. Qu'il est difficile, ma chere, de n'être pas du sentiment de ceux, à qui le devoir & l'inclination nous font souhaiter de ne pas
déplaire !

J'ai déja essuié le choc de trois visites
particulieres de ce Solmes, outre ma
part à ses visites générales; & je trouve
qu'il est impossible que je puisse jamais le
supporter. Il n'a qu'une portion de sens
fort commune, sans aucune teinture de
sçavoir. Il n'entend que la valeur des
terres, la maniere d'augmenter son revenu, & tout ce qui appartient au mé-
nage & à l'agriculture. Mais je suis devenue comme stupide. Ils ont commencé
avec moi d'une maniere si cruelle, que
la force me manque pour prendre le parti
de la résistance.

Avant mon retour, ils se sont efforcés
de faire entrer dans leurs vues la bonne
Madame *Norton*, tant ils sont résolus
de l'emporter ; & son opinion n'ayant

point été de leur goût, on lui a dit qu'elle feroit bien, dans les circonstances, de supprimer ses visites. Cependant c'est la personne du monde, après ma mere, qui seroit la plus propre à me persuader, si leurs projets étoient raisonnables, où tels qu'elle pût les approuver.

Ma tante s'étant échapée à dire aussi, qu'elle ne croyoit pas que sa niéce pût jamais prendre du goût pour M. Solmes; on l'a obligée d'apprendre une autre leçon J'attends demain une visite d'elle. Comme j'ai refusé d'entendre de la bouche de mon frere & de ma sœur les articles du noble établissement, elle est chargée de m'informer de ce détail & de recevoir ma détermination; car on m'a dit que mon pere n'a pas même la patience de supposer, que je puisse former la moindre opposition à sa volonté.

En même tems, on m'a signifié que si je voulois faire plaisir à tout le monde, je n'irois pas à l'Eglise Dimanche prochain. On m'avoit fait la même déclaration Dimanche dernier, & je m'y conformai. On apprehende que M. Lovelace ne se trouve à l'Eglise, dans le dessein de me ramener au logis.

Communiquez moi, chere Miss Howe, un peu de votre charmant esprit; jamais je n'en eus tant de besoin.

Vous supposez bien que ce Solmes n'a pas raison de vanter ses progrès auprès de moi. Il n'a pas le sens de dire un mot qui convienne aux circonstances. C'est à eux qu'il fait la Cour. Mon frere prétend me la faire pour lui, comme son Procureur ; & je refuse absolument d'écouter mon frere. Mais, sous prétexte qu'un homme si bien reçu & si bien recommandé par toute ma Famille a droit à mes civilités, on affecte d'attribuer ce refus à ma modestie ; & lui, qui ne sent pas ses propres défauts, s'imagine que ma réserve, & le soin que j'apporte à l'éviter, ne peuvent venir d'une autre cause : car toutes ses attentions, comme je l'ai déja dit, sont pour eux, & je n'ai pas l'occasion de dire non, à un homme qui ne me demande rien. Ainsi, avec la supériorité affectée de son sexe, il semble moins embarrassé du succès, que de sa pitié pour la timidité d'une petite personne de mon âge.

25. Fév.

J'ai eu la conférence qu'on m'avoit annoncée, avec ma tante. Il a fallu entendre d'elle les propositions de l'homme, & les motifs qui leur donnent tant de chaleur pour ses interêts. C'est à

contre cœur que j'obferve feulement,
combien il y a d'injuftice de fa part à
faire de telles offres , & de la part de
ceux que je refpecte, à les accepter. Je
le hais plus qu'auparavant. On a deja
obtenu une terre confidérable aux dépens
des héritiers naturels , quoique fort éloi-
gnés ; je parle de celle que la marraine
de mon frere lui a laifée ; & l'on fe
flatte à préfent de l'efpérance chimérique
de s'en procurer d'autres , ou de voir du
moins retourner la mienne à la famille.
Cependant le monde, dans mes idées, n'eft
qu'une grande famille. Etoit-ce autre
chofe dans l'origine ? Qu'eft-ce donc que
cette avidité de rapporter tout aux fiens
dans un cercle fi étroit , fi ce n'eft favorifer une parenté dont on fe fouvient ,
au préjudice d'une parenté oubliée ?

Mais ici, fur le refus abfolu que j'ai fait
de lui , à quelques conditions qu'il puiffe
fe préfenter , on m'a fait une déclaration
qui me bleffe jufqu'au cœur. Comment
puis-je vous l'apprendre ? Mais il le faut.
C'eft ma chere , que d'un mois entier ,
où jufqu'à nouvel ordre , je ne dois entretenir de correfpondance avec perfonne
hors de la maifon. Mon frere , fur le
rapport de ma tante , qu'elle a fait néanmoins, comme j'en fuis bien informée,

dans les termes les plus doux , & même
en donnant des espérances éloignées ,
quoiqu'elle n'eût pas reçu de moi cette
commission ; mon frere est venu m'apporter la défense , d'un ton d'autorité.
Pas même avec Miss Howe ? lui ai-je dit.
Pas même avec Miss Howe , d'un air
mocqueur ; car n'avez-vous pas avoué ,
Miss , que Lovelace est traité en favori
dans cette maison ? Voyez , ma chere
amie ! Et croyez-vous, mon frere , que ce
soit-là le moyen....... Il m'a interrompue malignement : vos idées se tournent-
elles de ce côté-là ? je vous avertis qu'on
interceptera vos lettres. La dessus, il m'a
quittée en courant.

Ma sœur est entrée un moment après.
A ce que j'entens ma sœur Clary , voila
un beau chemin dans lequel vous vous
engagez ; mais comme on suppose que
ce n'est pas sans secours que vous vous
endurcissez contre votre devoir , je suis
chargée de vous dire qu'on vous sçaura
bon gré d'éviter , pendant l'espace de
huit ou quinze jours , de rendre & de
recevoir des visites.

Quoi ? lui ai-je dit , cet ordre peut-il
venir de ceux à qui je dois du respect!...
demandez-le , demandez-le, mon enfant,
en faisant deux tours en rond du bout du

doigt. J'ai rempli ma commiffion. Votre papa veut-être obéi. Il eſt porté à croire que vous ne manquerez pas d'obéiſſance, & il voudroit prévenir ce qui pourroit vous exciter à la revolte. J'ai répondu à ma ſœur que je connoiſſois mon devoir,& que j'eſpérois qu'on n'y attacheroit pas des conditions impoſſibles. Elle m'a dit que j'étois une hardie petite créature, remplie de vanité & d'une folle opinion de moi-même; que dans mes ſages raiſonnemens, je me croyois ſeule capable de juger du bien & du mal ; que pour elle, il y avoit long tems qu'elle avoit pénetré toutes ces ſpécieuſes apparences, mais que j'allois montrer à tout le monde ce que j'étois dans le fond.

Chere Bella ! lui ai-je dit , les mains & les yeux levés , pourquoi tous ces étranges propos ? Chere , chere *Bella* , pourquoi...... Tous ces *chere Bella* , m'a-t'on répondu , n'ont aucun effet ſur moi. Je vous déclare que je perce au travers de toutes vos *forcelleries*. Ma chere ! c'eſt une expreſſion bien terrible. Elle eſt ſortie bruſquement , en ajoutant dans ſa fuite ; & tout le monde y percera bien-tôt auſſi, j'oſe le dire.

Hélas ! me ſuis-je dit à moi-même, quelle ſœur ai-je donc-là ? Qu'ai-je fait pour mériter ce traitement ? Enfuite mes regrets font tombés fur la bonté de mon grand pere, qui m'a diftinguée avec trop de faveur.

25 Fév. au foir.

J'ignore ce que mon frere & ma fœur ont pû dire à mon défavantage ; mais je fuis extrèmement mal dans l'efprit de mon pere. On m'a fait avertir à l'heure du thé. Je fuis defcendue avec un vifage ouvert. Les circonftances m'ont bien-tôt forcée d'en changer.

C'étoit une contenance fi grave & fi compofée, dans chaque perfonne de la compagnie ! Ma mere avoit les yeux fixés fur les vafes de la table ; & lorf-qu'elle les levoit , c'étoit péfamment, comme fi fes paupieres euffent été char-gées d'un poids , & fans les jetter de mon côté. Mon pere étoit à demi affis dans fon fauteuil , pour n'avoir pas la tête tournée vers moi ; les mains l'une fur l'autre , & les doigts en mouvemens , comme fi fa colere s'étoit communiquée jufqu'au bout. Ma fœur étoit fur une chaife , avec l'air d'une perfonne qui enfle. Mon frere a paru me regarder avec mépris, après m'avoir méfurée des yeux , à mon arrivée , depuis la tête jufqu'aux pieds. Ma tante , qui étoit auffi de l'af-

semblée, a jetté sur moi quelques regards contraints, & s'est baissée froidement vers moi pour répondre à ma révérence. Ensuite, d'un coup d'œil, adressé
successivement à mon frere & à ma sœur,
elle m'a semblée leur rendre compte de
cette rigueur affectée. Bon Dieu ! ma
chere, pourquoi vouloir employer la
voie de la crainte, plutôt que celle de la
douceur, avec un esprit qui n'a pas été
regardé jusqu'à préfent comme incapable
de perfuafion & de générofité ?

J'ai pris ma chaife. Ferai-je le thé,
Madame ? ai-je demandé à ma mere.
Vous favez, ma chere que j'ai toujours
été dans l'ufage de faire le thé. Un non,
prononcé de la maniere la plus courte,
a été la feule réponfe, & ma mere s'eft
mife elle-même à faire le thé. Betti, la
femme de chambre de ma sœur, étoit-là
pour fervir. Mon frere lui a dit de fe
retirer, & qu'il ferviroit l'eau lui-même.
Je me fentois le cœur dans un défordre
extrême, & l'on devoit s'en appercevoir
à l'embarras de mes mouvemens. Quelle
fera donc la fuite ? difois - je en moi-
même. Bien-tôt ma mere s'eft levée, &
prenant ma tante par la main ; un mot,
ma sœur ; & fous ce prétexte, elles font
forties enfemble. Ma sœur s'eft dérobée

aussi-tôt. Mon frere a suivi son exemple. En un mot je suis demeurée seule avec mon pere.

Il a pris un regard si févere, que le cœur m'a manqué autant de fois que j'ai voulu ouvrir la bouche pour lui parler. Je crois avoir oublié de vous dire que tout le monde avoit gardé jusqu'alors un profond silence. A la fin, j'ai demandé à mon pere s'il défiroit encore une tasse de thé. Il m'a répondu, avec le même mono-syllabe qui avoit été la réponse de ma mere ; & s'étant levé, il s'est mis à se promener dans la chambre. Je me suis levée aussi, dans l'intention de me jetter à ses pieds ; mais j'étois trop consternée par la févérité de son visage, pour hazarder ce témoignage même des sentimens dont mon cœur étoit comme étouffé. Il s'est approché du dos d'une chaise, où sa goutte l'a forcé de s'appuyer : j'ai repris un peu plus de courage. Je me suis avancée vers lui, & je l'ai supplié de m'apprendre en quoi j'avois eu le malheur de l'offencer.

Il a détourné la tête ; & d'une voix forte, il ma dit : Clarisse, Clarisse ; apprenez que je veux être obéi.

Dieu me préserve, Monsieur, de manquer jamais à l'obéissance que je vous dois. Je ne me fuis jamais oppofée à vos volontés...... Ni moi Clariffe, à vos fantaifies, a-t'il interrompu. Ne me mettez point dans le cas de ceux qui ont marqué trop d'indulgence à votre fexe, en me contredifant pour prix de la mienne.

Vous favez, ma chere, que mon pere, non plus que fon fils, n'a pas une opinion trop favorable de notre fexe; quoiqu'il n'y ait pas fur la terre de femme plus complaifante que ma mere.

J'allois lui faire des proteftations de refpect...... Je ne veux point de proteftations, je n'écoute point de paroles, on ne m'amufe point par des difcours, je veux être obéi. Je n'ai point d'enfant, je n'en aurai point qui ne m'obéiffe.

Monfieur, vous n'avez jamais eu fujet, j'ofe le dire......

Ne me dites point ce que j'ai eu, mais ce que j'ai, & ce que j'aurai.

Monfieur! faites moi la grace de m'écouter. Je crains bien que mon frere & ma fœur........

Gardez vous, petite fille, de parler contre votre frere & votre fœur. Ils ont à cœur, comme ils le doivent, l'honneur de ma famille.

Et j'efpere, Monfieur!.....

N'efperez rien. Ne me parlez point

d'efpérances, mais de réalités. Je n'exige
rien de vous que vous ne puiffiez accomplir & que votre devoir ne vous oblige
d'accomplir.

Eh bien , Monfieur, je l'accomplirai.
Mais j'efpere néanmoins de votre bonté...

Point de plaintes. Point de *Mais* ,
petite fille ; point de retranchemens. Je
veux être obéi , & de bonne grace ; ou
je vous renonce pour ma fille.

Je me fuis mife à pleurer. Je me fuis
jettée à fes genoux. Souffrez que je vous
conjure , mon très-cher & très -honoré
pere , de ne me pas donner d'autre maître que vous & ma mere. Que je ne fois
pas forcée d'obéir aux volontés de mon
frere.... J'allois continuer, mais il eftforti.
Il m'a laiffée dans la pofture où j'étois ,
en difant qu'il ne vouloit pas m'entendre chercher par fubtilité & par adreffe à
mettre des diftinctions dans mon devoir ,
& répétant qu'il vouloit être obéi. J'ai le
cœur trop plein ; fi plein , ma chere , que
je ne puis le décharger ici fans mettre
mon devoir en danger. J'aime mieux
quitter la plume...... Cependant j'ai peine........ Mais abfolument je quitte la
plume.

LETTRE IX.

Miss Clarisse Harlove, à Miss Howe.

26 *Fév. au matin.*

MA tante, qui a passé ici la nuit, m'a fait une visite ce matin dès la pointe du jour. Elle m'a dit qu'on m'avoit laissée hier exprès avec mon pere, pour lui donner la liberté de me déclarer qu'il s'attend à l'obéissance ; mais qu'il convenoit de s'être emporté au-delà de son dessein, en se rappellant quelque chose que mon frere lui avoit dit à mon désavantage, & par son impatience à supposer seulement qu'un esprit aussi doux que je l'avois paru jusqu'aujourd'hui, entreprit de disputer ses volontés, sur un point où ma complaisance devoit-être d'un si grand avantage pour toute la Famille.

Je comprends, par quelques mots qui sont échappés à ma tante, qu'ils comptent entiérement sur la flexibilité de mon caractére. Mais ils pourroient bien se tromper ; car en m'examinant moi-même avec beaucoup de soin, je pense réellement que je tiens autant de la famille de mon pere, que de celle de ma mere.

Mon oncle Jules n'eſt pas d'avis, à ce qu'il ſemble, qu'on me pouſſe à l'extrêmité. Mais ſon neveu, que je ne dois pas trop nommer mon frere, engage ſa parole, que l'égard que j'ai pour ma réputation & pour mes principes, m'amenera *rondement* au devoir; c'eſt ſon expreſſion. Peut-être aurois-je raiſon de ſouhaiter qu'on ne m'eût point informée de cette circonſtance.

Le conſeil de ma tante eſt que je dois me ſoumettre, pour le préſent, à la défenſe qu'on m'a ſignifiée, & recevoir les ſoins de M. Solmes. J'ai refuſé abſolument le dernier de ces deux points, au hazard, lui ai-je dit, de toutes les conſéquences. A l'égard de la défenſe des viſites, je ſuis réſolu de m'y conformer. Mais pour celle qui regarde notre correſpondance, il n'y a que la menace d'intercepter nos lettres qui puiſſe me la faire obſerver. Ma tante eſt perſuadée que cet ordre vient de mon pere, ſans que ma mere ait été conſultée; & qu'il ne s'y eſt déterminé que par conſideration pour moi, dans la crainte, à ce qu'elle ſuppoſe, que je ne l'offenſe mortellement, pouſſée par les conſeils d'autrui (c'eſt de vous ſans doute, & de Miſs Loyd, qu'elle veut parler) plutôt que par ma propre inclination ; car elle m'assure qu'il parle encore de moi, avec bonté , & même avec éloge.

Voilà de la tendresse ! Voilà de l'indulgence ! Et cela pour empêcher une fille opiniâtre de se précipiter dans la révolte & de se perdre entierement ; comme feroit un bon Prince , pour des sujets mal affectionés. Mais toutes ces sages mesures viennent de la prudence de mon jeune homme de frere. Un Conseiller sans tête, & un frere sans cœur.

Que je pourrois-être heureuse avec tout autre frere que M. James Harlove, & avec toute autre sœur que sa sœur ! Ne vous étonnez pas , ma chere , que moi , qui vous reprochois ces sortes de libertés à l'égard de mes parens , je sois aujourd'hui plus rebelle que vous n'avez été désobligeante. Je ne puis supporter l'idée d'être privée du plus doux plaisir de ma vie ; car c'est le nom que je donne à votre conversation , de bouche ou par lettres. Et qui pourroit soutenir d'ailleurs de se voir la dupe de tant de bas artifices, qui opérent avec tant de hauteur & d'arrogance ?

Mais vous sentez-vous capable , ma chere Miss Howe , de condescendre à une correspondance secrette avec moi ? Si

vous

II

vous le pouvez, je me suis avisée d'un moyen qui m'y paroît fort propre.

Vous devez vous souvenir de l'allée verte (c'est ainsi que nous la nommons) quiregne le long du bucher, & de la basse-cour où je nourris mes *Bantams*, mes Faisans, & mes Paons ; ce qui m'y conduit ordinairement deux fois le jour, parce que ces animaux me sont d'autant plus agréables que mon grand pere les a re-commandés à mes soins : & cette raison me les a fait transporter ici depuis sa mort. L'allée est plus basse que le rez de chauffée du bucher ; & du côté de cet édifice, les ais sont pourris en plusieurs endroits jusqu'à deux ou trois pieds de terre. *Hannah* peut se rendre dans l'allée, & faire une marque de craie au dessus du lieu où l'on pourra placer une lettre ou un pacquet, sous quelques piéces de bois. Il ne sera pas difficile de ménager un endroit propre à recevoir nos dépôts de part & d'autre.

Je viens moi même de visiter le lieu, & je trouve qu'il répond à mes vues. Ainsi votre fidelle *Robert* peut, sans s'approcher du Château, & feignant de passer seulement par l'allée verte, qui conduit à deux ou trois métairies, (sans livrée, s'il vous plaît) prendre aisément mes lettres & laisser aussi facilement les votres. Cet endroit est d'autant plus commode, qu'il n'est guéres fréquenté que de moi-même où d'Hannah, par le motif que j'ai dit. C'est le magazin général du bois, car le bucher d'usage ordinaire est plus proche de la maison. Comme on en a séparé un coin, pour servir de juchoir à mes oiseaux, Hannah ou moi, nous ne manquerons jamais de prétexte pour y entrer. Essayez ma chere, le succès d'une lettre par cette voye, & donnez moi votre avis sur la fâcheuse situation où je me trouve, car je ne puis lui donner un meilleur nom. Marquez-moi quelle opinion vous avez de l'avenir, & ce que vous feriez si vous étiez dans le même cas.

Mais je vous avertis d'avance que votre sentiment ne doit pas être favorable à M. Solmes. Il est néanmoins très vraisemblable que sachant le pouvoir que vous avez sur moi, ils s'éforceront de faire entrer votre mere dans leurs interêts, pour vous engager vous-même à le favoriser.

Cependant, sur une seconde reflexion, je souhaite que si vous panchez de son côté, vous m'écriviez naturellement tout ce que vous penfez. Déterminée comme je crois l'étre & comme je ne puis m'en empêcher, je voudrois du moins lire ou écouter avec patience ce qu'on peut dire pour le parti oppofé. Mes attentions ne font pas auffi engagées (Non, elles ne le font pas...... Je ne fais pas moi-même fi elles le font) en faveur d'un au_tre, que quelques-uns de mes amis le fuppofent, & que vous même, donnant l'effor à votre vivacité après les dernieres vifites, vous avez affecté de le fuppofer. Si j'ai quelque préférence pour lui, il la doit moins à des confidérations perfon_nelles, qu'au traitement qu'il a reçu & qu'il a fouffert par rapport à moi.

J'écris quelques lignes de remerciment à votre mere, pour toutes fes bontés dans les heureux momens que j'ai paffés chez vous. Que je crains de ne les voir jamais renaître ! Elle voudra bien me pardonner de ne lui avoir pas écrit plutôt.

Si le porteur étoit foupçonné, & qu'on allât jufqu'à l'examiner, il n'auroit qu'à montrer cette lettre, comme la feule dont il feroit chargé. A combien d'inven_tions & d'artifices une injufte & inutile con_trainte ne donne t'elle pas occafion ? J'au_rois en horreur ces correfpondances clan_deftines, fi je n'y étois pas forcée. Elles

ont une si basse, une si pauvre apparence à mes propres yeux, que j'ai peine à
m'imaginer que vous vouliez y prendre
part.

Mais pourquoi se hâte-t'on, comme
j'en ai fait aussi mes plaintes à ma tante,
de me précipiter dans un état, que je
respecte, mais pour lequel j'ai peu de
penchant ? Pourquoi mon frere, qui est
plus vieux que moi de tant d'années, &
qui a tant d'impatience de me voir engagée , ne s'engage-t'il pas le premier ?
Pourquoi du moins ne pense-t'on pas à
pourvoir ma sœur avant moi ? Je finis par
ces inutiles exclamations.

CL. HARLOWE.

LETTRE X.

Miss Howe, à Miss Clarisse Harlove.

27 Fév.

QUelle est la bizarrerie de certaines
gens ! Miss Clarisse Harlove sacri-
fiée en mariage à M. Roger Solmes ! En
vérité je ne reviens pas de mon étonnement.

Mon avis, dites-vous, *ne doit pas être
favorable à cet homme là.* Me voila convaincue à demi, ma chere, que vous

tenez un peu de la famille qui a pû former l'idée d'un mariage si bien assorti ;
sans quoi il ne vous seroit jamais entré
dans l'esprit, que je pusse vous parler en
faveur de Solmes.

Demandez-moi son portrait. Vous
savez que j'ai la main bonne pour tirer
des ressemblances hideuses. Mais je veux
être un peu sûre de mon fait auparavant ;
car qui sçait ce qui peut arriver, puisque
l'affaire est en si bon train & que vous
n'avez pas le courage de vous opposer
au torrent qui vous entraîne ?

Vous me priez de vous communiquer
un peu de mon esprit. Parlez-vous sérieu-
sement ? Mais je crains qu'il ne vous soit
déja fort inutile. Vous êtes la fille de votre
mere , pensez-en ce qu'il vous plaît , &
vous avez à combattre des esprits violens. Hélas ! ma chere, il falloit emprun-
ter plutôt un peu du mien ; plutôt , c'est-
a-dire avant que vous eussiez abandonné
le ménagement de votre bien à ceux qui
croyoient y avoir droit avant vous.
Qu'importe que ce soit à votre pere? N'a-
t'il pas deux autres enfans ? Et ne por-
tent-ils pas plus que vous son empreinte
& son image? De grace , ma chere, ne me
demandez pas compte d'une question si
libre, de peur que le désir d'une explication

ne fût auffi libre que la queftion méme.

A préfent que je me fuis un peu échappée , paffez-moi un mot de plus dans le
méme goût. Je ferai décente , je vous le
promets. J'aurois crû que vous n'igno-
riez pas , que l'*Avarice* & l'*Envie* font
deux paffions qu'il eft impoffible de fatisfaire , l'une en donnant , l'autre en con-
tinuant d'exceller & de mériter de l'admiration. Huile au feu , huile au feu,
qui produit , fur toute la face de la terre,
des flammes dévorantes & infatiables.

Mais puifque vous me demandez mes avis,
vous devez m'apprendre tout ce que vous
fçavez ou tout ce que vous vous imaginez
de leurs motifs. Si vous ne me défendez
pas de faire des extraits de vos lettres, pour
l'amufement de ma coufine , qui meurt
d'envie d'être mieux informée de vos affaires dans fa petite Ifle , (*) on vous fera fort
obligée de cette complaifance. Vous êtes fi
tendre, fur les interêts de certaines perfonnes qui n'ont de tendreffe que pour eux-
mêmes', qu'il faut vous conjurer de parler
librement. Souvenez-vous qu'une amitié
telle que la notre n'admet aucune réferve.
Vous pouvez vous fier à mon impartialité.
Ce feroit faire injure à votre jugement que
d'en douter : car ne me demandez-vous

(*) Dans l'Ifle de Wight, comme on le verra plus bas.

pas mon avis? Et ne m'avez-vous pas apris vous-même que l'amitié ne doit jamais infpirer de prévention contre la juftice ? Il eft donc queftion de juftifier vos amis, fi vous le pouvez. Voyons s'il y a du bon fens dans leur choix , ou s'il peut-être foutenu du moins avec quelque apparence de rai-fon. A préfent , quoique je connoiffe beaucoup votre famille , je ne puis m'i-maginer comment tous autant qu'ils font, votre mere en particulier & votre tante Hervey , peuvent fe joindre avec le refte contre des jugemens portés. A l'égard de quelques-uns des autres , rien ne peut me furprendre de leur part dans tout ce qui concerne leur interêt propre.

Vous demandez pourquoi votre frere ne s'engage pas le premier dans les liens du mariage ? Je vous en apprendrai la raifon. Son naturel emporté & fon arro-gance font fi connus , que malgré fes grandes acquifitions indépendantes , & fes efpérances encore plus confidérables , aucune des femmes aufquelles il pourroit afpirer n'eft difpofée à recevoir fes foins. Souffrez que je vous le dife , ma chere , ces acquifitions lui ont donné plus d'or-gueil que de réputation. A mes yeux, c'eft la plus infupportable créature que je connoiffe. La maniere dont vous me blâ-

E iiij

mez de l'avoir traité, il la méritoit de la part d'une perfonne à laquelle il croyoit plutôt faire une faveur qu'il n'efpéroit d'en recevoir. J'ai toujours pris plaifir à mortifier les orgueilleux & les infolens. Pourquoi vous imaginez-vous que je fouffre Hickman ? C'eft parce qu'il eft humble & qu'il fait fe tenir à la diftance qui convient.

Vous voulez favoir auffi pourquoi votre fœur aînée n'eft pas pourvue la premiere ? Je répons, parce qu'elle eft faite pour époufer un homme fort riche ; premiere raifon : la feconde, parce qu'elle a une fœur cadette. Faites moi la grace de me dire, ma chere, où eft l'homme fort riche, qui voulût penfer à cette fœur aînée, tandis que la cadete eft à marier.

Apprenez de moi, mon enfant, que vous êtes trop riches pour être heureux. Chacun de vous, par les maximes fondamentales de votre famille, ne doit-il pas fe marier pour devenir encore plus riche ? Laiffez les s'agiter, gronder, fe chagriner & accumuler ; s'étonner de n'être pas heureux avec leurs richeffes ; croire que le mal vient de ce qu'ils n'en ont pas davantage, & continuer ainfi d'entaffer, jufqu'à ce que la mort, qui entaffe & qui accumule avec autant d'avi-

dité qu'eux, vienne les moiffonner pour
groffir fon magazin.

Ma chere, encore une fois, apprenez-
moi ce que vous favez de leurs motifs;
& je vous donnerai plus de lumieres fur
leurs fautes que je n'en puis recevoir de
vous. Votre Tante Hervey, dites-vous,
ne vous les a pas cachés. Mais pourquoi faut-il que je vous les demande ,
lorfque vous me preffez de vous en dire
mon avis ?

Qu'ils veuillent s'oppofer à notre correfpondance , c'eft un acte de fageffe ,
qui ne me furprend point , & dont je fuis
fort éloignée de les blâmer. J'en conclus
qu'ils connoiffent leur folie ; & s'ils la
connoiffent, eft-il étrange qu'ils craignent
de l'expofer au jugement d'autrui ?

Je fuis fort aife que vous ayez trouvé
un moyen d'entretenir notre commerce.
Je l'approuve beaucoup , & je l'approuverai encore plus fi les premiers effais
font heureux ; mais ne le fuffent-ils pas
& ma lettre tombât - elle entre leurs
mains , je n'en ferois fâchée que par rapport à vous.

Nous avions entendu dire , avant que
vous m'euffiez écrit , qu'il y avoit eu
quelque differend dans votre famille à
votre arrivée , & que M. Solmes vous

E v

avoit rendu une viſite, avec quelque eſpérance de ſuccès. Mais j'avois jugé que l'erreur tomboit ſur les perſonnes, & que ſes prétentions étoient pour Miſs Arabelle. Au fond, ſi elle étoit d'auſſi bon naturel que vos joufflues le ſont ordinairement, je l'aurois crue trop bonne de moitié pour lui. Voilà le myſtere, penſois-je en moi-même ; & l'on aura fait revenir ma chere amie pour aider ſa ſœur dans les préparatifs de la nôce. Qui ſait, diſois-je à ma mere, ſi cet homme-là, lorſqu'il aura ſupprimé ſa perruque jaune, à petites boucles, & ſon grand chapeau bordé, que je ſuppoſe avoir été du meilleur goût, ſous le regne du Protecteur, ne fera pas une figure ſuportable à l'Egliſe, pendu au côté de Miſs Arabelle ? La femme, ſuivant l'obſervation de ma mere, aura quelque choſe de mieux que le mari dans les traits. Et quel meilleur choix pouroit-elle faire pour en tirer du luſtre ?

Je m'étois livrée à cette imagination, malgré les bruits publics ; parce que je ne pouvois me perſuader que les plus ſottes gens d'Angleterre le fuſſent aſſez, pour vous propoſer un homme de cette trempe.

On nous avoit dit auſſi que vous ne receviez aucune viſite. Je ne pouvois

expliquer cette circonstance , qu'en supposant que les préparatifs pour votre
sœur ne devoient pas être publics , &
qu'on vouloit brusquer la cérémonie. Miss
Loyd & Miss Biddulph vinrent me demander ce que j'en savois, & pourquoi
vous n'aviez pas paru à l'Eglise le Dimanche qui a suivi votre retour ; au
grand chagrin, pour répéter leurs expressions , d'une centaine de vos admirateurs.
Sur ce point, il me fut aisé de juger que
la raison étoit celle que vous me confir-
mez ; c'est-à-dire la crainte qu'on avoit
que Lovelace ne s'y trouvât, & qu'il n'entreprit de vous reconduire chez-vous.

Ma mere est fort sensible aux témoi-
gnages de votre amitié. Miss. Clarisse
Harlove , m'a-t'elle dit , après avoir lû
votre lettre , est une jeune personne qui
mérite l'admiration de tout le monde.
Va-t'elle quelque part ? sa visite est une
faveur, Sort-elle d'une maison ? elle n'y
laisse que du regret. Et puis un mot de
comparaison:ô ma *Nancy*! (*) que n'avez-
vous un peu de son obligeante douceur !

N'importe ; l'éloge vous regardoit.
J'en ai joui, parce que vous-êtes moi-
même. D'ailleurs...... vous dirai-je la
vérité ? je me trouve aussi-bien comme

(*) Petit nom pour Anne.

E vj

je fuis ; ne fut-ce que par cette raifon ,
que fi j'avois vingt freres *James* & vingt
fœurs *Arabelles* , aucun d'eux , & tous
enfemble , n'oferoient me traiter comme
vous êtes traitée par les vôtres. Celui
qui a la patience de fouffrir beaucoup ,
s'apprête beaucoup à fouffrir. C'eft votre
propre maxime , fondée fur le plus grand
exemple qu'on en puiffe donner , dans le
fein même de votre famille ; quoique
vous en ayez tiré fi peu de profit.

Le réfultat , ma chere , c'eft que je fuis
plus propre que vous pour ce bas monde ,
& que vous l'êtes plus que moi pour l'autre. Voilà la différence qui eft entre nous.
Mais, pour mon bonheur & pour celui de
mille autres , puiffiez-vous nous demeurer , bien , bien long-tems , avant que de
joindre une compagnie de votre efpéce ,
& plus digne de vous !

J'ai communiqué à ma mere le récit
que vous me faites de votre étrange réception. Je lui ai dit auffi quel horrible
animal on veut vous donner , & le traitement qu'on employe pour vous forcer de
le prendre. Elle s'eft mife uniquement à
relever fon indulgence pour ma conduite
trannique (c'eft le nom qu'elle lui donne ;
& comme vous favez , il faut laiffer parler les meres) à l'égard de l'homme

qu'elle me recommande avec tant de chaleur , & contre lequel , à l'entendre, il n'y a point de juste objection. Delà elle s'est étendue sur la complaisance que je lui dois pour tant de bonté. Ainsi je crois qu'il faut ne lui rien communiquer de plus , surtout parce que je sais qu'elle condamneroit notre correspondance , & la votre avec Lovelace, comme clandestine & contraire au devoir ; car *obéissance implicite* est son cri. D'ailleurs elle ouvre assez volontiers l'oreille aux sermons de ce vieux garçon empesé , votre oncle Antonin ; & pour donner un exemple à sa fille , elle ne prendroit pas aisément votre parti , quelque justice qu'il y eût dans votre cause. C'est pourtant une assez mauvaise politique ; car on refuse tout à ceux qui n'accordent rien. En d'autres termes , ceux qui demandent trop de choses à la fois n'en obtiennent aucune.

Mais pourriez-vous deviner, ma chere, ce que ce bon vieux *Predicateur* , votre oncle Antonin , se propose ici par ses fréquentes visites ? Je remarque tant de misteres & de sourires entre ma mere & lui ! Ce sont des louanges mutuelles de leur œconomie ! ce sont tant de petits propos ! Et *voilà ma méthode.... Et voilà ce que je fais toujours. Et je suis bien aise, Monsieur , d'avoir votre approbation. Et votre attention s'étend à tout, Madame. Helas Monsieur, Rien ne seroit bien fait si je ne le faisois moi-même.* Ce sont des éloges d'eux-mêmes ! des exclamations sur les domestiques ! Et des hélas continuels, & des regards, & des expressions si tendres ! Quelquefois, le ton de leur entretien s'abbaisse, jusqu'à ne pouvoir être entendu lorsque je viens les troubler. Je vous déclare, ma chere, que je n'approuve tout cela qu'à demi. Si je ne savois que l'usage de ces vieux garçons est de prendre autant de tems pour se résoudre au mariage qu'ils peuvent espérer raisonnablement d'en avoir à vivre, je ferois du vacarme sur ces visites, & je recommanderois M. Hickman à ma mere, comme un homme qui lui convient beaucoup mieux. Ce qui lui manque du côté de l'âge est compensé par sa gravité. Et, si vous voulez ne me pas gronder, je vous dirai qu'il y a un air de minauderie entr'eux, sur tout lorsque cet homme s'est un peu émancipé avec moi, par le fond qu'il fait sur la faveur de ma mere, & que je le tiens en bride à cette occasion, qui me fait trouver beau-coup de ressemblance dans leur caractére. Alors tombant comme dans l'admiration de mon arrogance & de ce qu'ils en ont tous deux à souffrir , ils se mettent à soupirer ; & leur compassion paroît si vive l'un pour l'autre , que si la pitié est une préparation à l'amour , je ne suis pas fort en danger , tandis qu'ils y sont extrêmement sans le savoir.

A présent, ma chere , n'allez vous pas tomber sur moi avec vos airs graves ? Qu'y faire ! Mais ce dernier trait a plus de rapport à vous que vous ne pensez. Prenez garde à ce qui se passe autour de vous ; c'est une secousse que j'ai voulu vous donner , pour me faire un mérite de vous avoir avertie d'avance. Annibal , ai-je lû quelque part , attaquoit toujours les Romains sur leurs propres terres.

Vous avez bien voulu me dire, & même en *vérité* , que » vos *attentions* , » (joli » mot & bien expressif pour celui d'*affec-* »*tions*) ne font pas aussi engagées pour une » autre personne, que quelques-uns de vos » amis le supposent. « Qu'étoit-il besoin , ma chere , de me donner à penser que le mois passé, ou les deux derniers, ont été un tems extrêmement favorable pour cette autre personne , en mettant la niéce dans le cas de lui avoir quelque obligation pour sa patience à l'égard des oncles.

Mais passons là-dessus. Aussi engagées! Combien donc ma chere ? suis-je en droit de demander. *Quelques-uns de vos amis suppofent qu'elles le font beaucoup.* Vous avouez, ce me femble, qu'elles le font un peu. Ne vous fâchez point. Vous ne rifquez rien avec moi. Mais *ce peu*, pourquoi me l'avoir voulu déguifer ? Je vous ai entendu dire qu'en affeétant du fecret, on excite toujours de la curiofité.

Vous continuez néanmoins, avec une efpéce de rétraétation, comme s'il vous étoit furvenu quelque doute en y penfant : *vous-même, vous ne favez pas fi elles le font*; autant qu'on le fuppofe, voulez-vous dire. Quelle néceffité de me tenir ce langage, à moi ! Et d'y joindre même, *en vérité* ? Mais vous en favez plus que vous ne dites. Ou plutôt, je m'imagine en effet que vous le favez pas ; car les commencemens d'amour font l'ouvrage d'un *efprit fubtil*, & fe découvrent fouvent aux yeux d'un fpeétateur, tandis que la perfonne *poffedée* (ce mot me plaît affez) ignore elle-même quel démon l'agite.

Mais vous ajoutez que ›› fi vous aviez ›› effeétivement quelque préférence pour ›› lui, il la devroit moins à des confidéra- ›› tions perfonnelles, qu'au traitement ›› qu'il a reçu & qu'il a fouffert par rap- ›› port à vous. ‹‹

Rien de plus généreux. Je reconnois-
là du caractére. Mais, ô chere amie !
comptez que vous êtes en danger.
Que vous vous en apperceviez ou non,
comptez que vous n'y êtes pas moins.
C'est votre générosité naturelle & la grandeur de votre ame qui vous y jettent.
Tous vos amis font de mauvais politi-
ques, qui en l'attaquant avec cette violence, combattent réellement pour lui ;
& j'engage ma vie que Lovelace, malgré toute sa vénération & ses assiduités,
a vû plus loin que ces assiduités & cette
vénération, si bien *calculées à votre méri-*
dien, ne lui permettent de l'avouer.
En un mot il a vu que sa conduite opere
plus efficacement pour lui, qu'il ne pou-
roit le faire directement lui-même. Ne
m'avez-vous pas dit autrefois que rien
n'est si pénétrant que la vanité d'un
Amant, puisqu'elle lui fait voir souvent
en sa faveur ce qui n'est point, & qu'elle
manque rarement de lui faire découvrir
ce qui est. Et qui accuse Lovelace de
manquer de vanité ?

Enfin, ma chere, c'est mon opinion,
fondée sur l'air dégagé que j'apperçois
dans ses manieres & dans ses sentimens,
qu'il a vû plus loin que moi, plus loin
que vous ne vous imaginez qu'on le

puiſſe, & plus loin, je crois, que vous ne voyez vous-même ; car vous n'auriez pas manqué de me le dire.

Déjà, dans la vûe de contenir ſon reſſentiment pour les indignitez qu'il a reçues & qui ſe renouvellent tous les jours, vous vous êtes laiſſée engager dans une correſpondance particuliere. Je ſais que dans tout ce que vous lui avez écrit, il n'y a rien dont il puiſſe ſe vanter. Mais n'eſt-ce pas un grand point que de vous avoir fait conſentir à recevoir ſes lettres & à lui répondre? La condition que vous y avez attachée, que cette correſpondance ſera ſecrette, ne marque-t'elle pas qu'il y a un myſtere entre vous & lui, dont vous ne ſouhaitez pas que le monde ſoit informé ? Il eſt le maître de ce ſecret. Ce ſecret, en quelque ſorte, c'eſt lui-même. Dans quelle intimité cette faveur n'établit-elle pas un Amant ? A quelle diſtance ne met-elle pas une famille ?

Cependant qui peut vous blâmer, dans la ſituation où ſont les choſes ? Il eſt certain que votre condeſcendance a prévenu juſqu'à préſent de grands malheurs. Les mêmes raiſons doivent la faire durer auſſi long-tems que ſa cauſe. C'eſt un deſtin pervers qui vous entraîne contre votre inclination. Mais, avec des vûes ſi loua-

bles, l'habitude fera difparoître ce qui
vous bleffe & donnera naiffance au penchant. Ma chere, comme vous fouhaitez, dans une occafion fi critique, de
vous conduire avec la prudence qui gouverne toutes vos actions, je vous confeille
de ne pas craindre d'entrer dans un févere
examen des véritables motifs de votre
générofité pour cet heureux homme.

En vous examinant bien, je vous le dis
franchement, il fe trouvera que c'eft de
l'amour. Ne vous évanouiffez pas, ma
chere. Votre homme lui-même n'a-t'il
pas affez de Philofophie naturelle pour
avoir déja obfervé que l'amour pouffe fes
plus profondes racines dans les ames les
plus fermes ? Au diantre la lenteur de fa
pénétration : c'eft une remarque qu'il
faifoit il y a fix ou fept femaines.

J'ai eu, vous le favez, ma bonne part
de la même teinture ; & dans mes plus
froides réflexions, je n'aurois pû dire comment, ni quand cette jauniffe avoit commencé. Mais j'en aurois eu, comme l'on
dit, pardeffus les yeux & les oreilles,
fans le fecours de quelques-uns de vos
bons avis, que je vous rends aujourd'hui
de bonne grace. Cependant l'homme qui
m'avoit fait tourner la tête, n'étoit pas
de la moitié fi...... fi quoi ? ma chere.

Aſſurément Lovelace eſt un homme charmant, & s'il ne lui manquoit pas......
Mais je ne veux pas vous faire monter de la chaleur au viſage en liſant cet endroit de ma lettre. Non, non, j'en ſerois bien fâchée. Cependant, ma chere, ne ſentez-vous pas ici que le cœur vous bat ? Si je devine juſte, n'ayez pas honte de me l'avouer C'eſt généroſité, chere amie ; voilà tout. Mais, comme diſoit l'Augure Romain : Céſar, gardez-vous des Ides de Mars.

Adieu, la plus chere de mes amies, & pardon. Hâtez-vous d'employer votre nouvel expédient, pour me dire que vous me pardonnez.

ANNE HOWE.

LETTRE XI.

Miſs CLARISSE HARLOVE, à Miſs HOWE.

Mercredy 1 de Mars.

VOus me cauſez de l'embarras & vous m'allarmez, ma très-chere Miſs Howe, par la fin de votre lettre. A la premiere lecture, je n'avois pas crû, ai-je dit en moi-même, qu'il fut néceſſaire de me tenir en garde contre la criti-

que, en écrivant à une si chere amie.
Mais ensuite étant venue à me recueillir,
n'y a-t'il rien de plus ici, me suis je demandé, que les saillies ordinaires d'un
esprit naturellement vif ? Il faut assurément que je me sois rendue coupable de
quelque inadvertance. Entrons un peu
dans l'examen de moi-même, comme ma
chere amie me le conseille.

J'y suis entrée, & je ne puis convenir
d'aucune chaleur qui me soit montée au
visage, ni de ce battement de cœur dont
vous me parlez. Non, en vérité, je ne
le puis. Cependant je conviens que les
endroits de ma lettre sur lesquels vous
vous exercez avec un mélange d'enjouement & de séverité, m'exposent naturellement à votre agréable raillerie ; & je
ne puis vous dire ce que j'avois dans l'esprit, lorsqu'il a conduit si bizarrement ma
plume.

Mais enfin, est-ce une expression trop
libre, dans une personne qui n'a point de
considération fort particuliere pour aucun
homme, de dire qu'il y a quelques hommes qui lui paroissent préférables à d'autres ? Est-il blâmable de dire, qu'on
croit dignes de quelque préférence, ceux
qui n'ayant pas été bien traités par les
parens d'une personne, lui font le sacrifice

de leurs reſſentimens ? Ne m'eſt-il pas permis, par exemple, de dire que M. Lovelace eſt un homme qui mérite d'être préferé à M. Solmes, & que je lui donne en effet cette préférence ? Il me ſemble que cela peut ſe dire, ſans qu'il y ait à conclure néceſſairement qu'on ait de l'amour pour lui.

Il eſt certain que pour tout au monde je ne voudrois pas avoir pour lui ce qu'on appelle de l'amour ; premierement, parce que j'ai mauvaiſe opinion de ſes mœurs, & que je regarde comme une faute, à laquelle toute notre famille a eu part, excepté mon frere, de lui avoir permis de nous voir, avec des eſpérances, qui étant néanmoins fort éloignées, n'autoriſoient aucun de nous, comme je l'ai déja obſervé, à lui demander compte de ce que nous apprenions de ſa conduite. En ſecond lieu, parce que je le crois un homme vain, & capable de ſe faire un triomphe, du moins en ſecret, de l'avantage qu'il auroit ſur une perſonne dont il croiroit avoir engagé le cœur. Troiſiémement, parce que les aſſiduités & la vénération que vous lui attribuez, paroiſſent accompagnées d'un air de hauteur ; comme ſi le mérite de ſes ſoins étoit un équivalent pour le cœur d'une femme.

En un mot, dans les momens où il s'obferve moins, fa conduite me paroit celle
d'un homme qui fe croit au-deffus de la
politeffe même que fa naiffance & fon
éducation (plutôt peut-être que fon propre choix) l'obligent de marquer. En
d'autres termes, je trouve que fa politeffe eft contrainte, & qu'avec les perfonnes les plus douces & du commerce
le plus aifé, il a toujours quelque chofe
en arriere, qu'il tient comme en réferve.
Et puis, la bonté qu'on lui croit pour les
domeftiques d'autrui, & qui va jufqu'à
la familiarité (quoiqu'elle ait un air de
dignité, comme vous l'avez remarqué,
& qu'elle fente l'homme de qualité)
n'empêche pas qu'il ne foit fujet à s'emporter contre les fiens. Un jurement ou
une imprécation fuit auffi-tôt. Leur terreur fe manifefte affez dans leurs yeux,
& j'ai crû voir plus d'une fois qu'ils fe
tenoient fort heureux que je fuffe à portée
de l'entendre. Les regards mêmes du
maître ne me confirmoient que trop dans
cette opinion.

Non, ma chere, cet homme n'eft pas
mon homme. J'ai de grandes objections à
faire contre lui. Non, mon cœur ne bat
point à fon occafion. S'il me monte de la
chaleur au vifage, c'eft d'indignation

contre moi-même , pour avoir donné lieu à cette imputation. Il ne fautpas, ma très - chere amie , transformer un fentiment commun de reconnoiffance en amour. Je ne puis fouffrir que vous en ayez cette idée. Mais fi j'étois jamais affez malheureufe pour m'appercevoir que ce fût de l'amour, je vous engage ma parole, c'eft comme fi je difois mon honneur , que je ne manquerai pas de vous en avertir.

Vous m'ordonnez de vous écrire promp- tement que votre agréable raillerie ne m'a pas indifpofée contre vous. Je me hâte de vous fatisfaire , & je remets à ma premiere lettre le récit des motifs qui en- gagent mes amis à favorifer avec tant de chaleur les interêts de M. Solmes. Soyez donc bien perfuadée , ma chere, que je n'ai rien dans le cœur contre vous. Non , rien ; rien abfolument. Au con- traire; je reconnois dans vos avis une ten- dreffe d'affection qui excite mes plus vifs remercimens. Et fi vous obferviez, dans ma conduite , quelque faute affez confi- dérable pour vous mettre dans le cas d'employer en ma faveur les palliations d'une amitié partiale , je vous recom- mande , comme je l'ai fait fouvent, de ne pas faire difficulté de m'en informer ;

car

car il me semble que je voudrois me conduire d'une maniere qui ne donnât aucune prise à la censure. A mon âge, & foible comme je suis, quel moyen de l'éviter, si ma fidelle amie ne tient pas le miroir devant mes yeux pour me faire découvrir mes imperfections ?

Jugez-moi donc, ma chere, comme feroit une personne indifferente qui sauroit de moi tout ce que vous savez. Dabord, j'en pourrai ressentir un peu de peine. Il me montera peut-être un peu *de chaleur au visage*, de me trouver moins digne de votre amitié que je ne le voudrois. Mais soyez sûre que vos corrections obligeantes me feront faire des réflexions qui me rendront meilleure. Si elles ne produisent pas cet effet, vous aurez droit de me reprocher une faute inexcusable ; une faute, dont vous ne pourriez vous dispenser de m'accuser, sans cesser d'être autant mon amie que je suis la votre, puisque vous savez bien, ma chere, que je ne vous ai jamais épargnée dans les mêmes occasions.

Je finis ici, mais c'est dans le dessein de commencer bien-tôt une autre lettre.

CL. HARLOVE.

Tome I. F

LETTRE XII.

Miss Howe, à Miss Clarisse Harlove.

Jeudi 1 Mars.

IL eſt donc certain que pour tout au monde, vous ne voudriez pas avoir pour lui ce qu'on nomme de l'amour ? Votre ſervante, ma chere. Je ne voudrois pas non plus que vous en euſſiez : car je penſe qu'avec tous les avantages du mérite perſonnel, de la fortune, & de la naiſſance, il n'eſt pas digne de vous. Et cette opinion me vient autant des raiſons que vous m'apportez & que je confirme, que de ce que j'ai appris depuis quelques heures, par la bouche de Madame Forteſcue, qui étant la favorite de Lady Betty Lawrence, doit le connoître parfaitement. Mais, à tout hazard, je veux vous féliciter d'abord, d'être la premiere de notre ſexe, dont j'aye entendu parler, qui ait été capable de changer, à ſon gré, ce *Lion d'Amour* en un bichon de toilette.

Eh bien, ma chere, ſi vous ne ſentez pas de battemens de cœur & de chaleur au viſage, il demeure certain que vous n'en fentez pas:& que vous n'avez pas d'amour pour lui, dites-vous; pourquoi ? bonne rai-son, parceque vous ne voudriez pas en avoir. Il n'y a rien à dire de plus. Seule-ment ma chere, je tiendrai la vue ferme fur vous, & j'efpere que vous l'y tiendrez vous même; car ce n'eft pas bien raifon-ner que de conclure qu'on n'a point d'a-mour, parce qu'on ne voudroit pas en avoir. Avant que de quitter entierement ce fujet, permettez que je vous dife un mot à l'oreille, ma charmante amie : ce fera feulement par voie de précaution, & par déférence pour l'obfervation géné-rale, qu'un fpectateur juge quelquefois mieux du jeu, que ceux qui tiennent les dez. Ne fe peut-il pas que vous ayez eu & que vous ayez à faire à des gens de fi mauvaife humeur, à des têtes fi bizarres, que vous n'ayez pas eu le tems de faire attention aux battemens de cœur ; où que fi vous en avez fenti quelques-uns par intervalles, ayant deux objets auf-quels ils pouvoient être appliqués, vous les ayez tournés, par méprife, du côté qu'il ne falloit pas ?

Mais, foit que vous ayez du penchant ou non pour ce Lovelace, je fuis fure que vous êtes impatiente de favoir ce que Madame Fortefcue m'a dit de lui. Je ne

veut pas vous tenir plus long-tems en
ſuſpens.

Elle raconte cent hiſtoires folâtres de
ſon enfance & de ſa premiere jeuneſſe ;
car elle obſerve que n'ayant jamais été
contredit, il a toujours été auſſi mali-
cieux qu'un ſinge. Mais je paſſerai ſur
ces petites miſeres, quoiqu'elles ſigni-
fient quelque choſe ; pour m'arrêter à
pluſieurs points que vous n'ignorez pas
tout-à-fait, & à d'autres que vous ignorez, & pour faire quelques obſervations
ſur ſon caractere.

Madame Forteſcue avoue ce que tout le
monde ſait très-bien ; que notoirement &
même de ſon propre aveu, il eſt homme de
plaiſirs. Cependant elle dit que pour tout
ce qu'il prend à cœur, ou qu'il ſe propoſe
d'exécuter, c'eſt le plus induſtrieux & le
plus perſeverant de tous les mortels. Il ne
donne, comme vous, que ſix heures des
vingt-quatre au ſommeil. Il fait ſes délices d'écrire. Qu'il ſoit chez ſon oncle,
ou chez Lady Betty, ou chez Lady Sara,
il ne ſe retire jamais que pour prendre
une plume. Elle ſait d'un de ſes compagnons, qui lui a confirmé ce goût pour
l'écriture, que ſes penſées coulent rapi-
demment de ſa plume ; & vous & moi,
ma chere, nous avons obſervé qu'avec une

fort belle main il ne laiffe pas d'écrire très-
vîte. Il doit avoir eu de bonne heure un
genie fort docile, puifqu'un homme fi
paffioné pour le plaifir & d'un efprit fi
actif n'auroît jamais pû s'affujettir au
travail long & pénible, fans lequel on
n'acquiert pas ordinairement les qualités
qu'il poffede ; qualités affez rares parmi
les jeunes gens riches & de haute naiffance, fur tout parmi ceux, qui comme
lui, n'ont jamais fû ce que c'eft que d'être
contrariés.

Un jour qu'on le complimentoit fur fes
talens, & fur une diligence qui paroit
furprenante dans un homme de plaifirs,
il eût la vanité de fe comparer à Jules
Céfar, qui executoit de grandes chofes
pendant le jour, & qui employoit la
nuit à les écrire. Il ajouta qu'avec bien
d'autres qualités qu'il fe connoiffoit, il
n'auroit eu befoin que de l'effor de Céfar
pour faire une figure éclatante dans fon
fiécle.

Ce difcours à la vérité étoit accompagné d'un air de plaifanterie ; car Madame Fortefcue obferve, comme nous l'a-
vons obfervé auffi, qu'il a l'art de reconnoître fa vanité avec tant d'agrémens,
qu'il s'éleve en quelque forte au-deffus du
mépris qui eft dû à la préfomption, &

qu'en même tems il perſuade à ceux qui l'entendent, qu'il mérite réellement les louanges qu'il ſe donne.

Mais ſuppoſant qu'en effet il employe une partie de ſes heures de nuit a écrire, quelle peut être ſa matiére ? S'il écrit ſes propres actions, comme Céſar, ce doit être ſans doute un très-méchant homme & d'un caractére très-entreprenant, puiſqu'on ne le ſoupçonne pas d'avoir l'eſprit tourné au ſérieux ; & quoique décent dans la converſation, je gagerois que ſes écrits ne ſont pas d'une nature à lui faire honneur, ni qui puiſſe ſervir à l'utilité d'autrui. Il faut qu'il le ſente bien lui-même, car Madame Forteſcue aſſure que dans le grand nombre de ſes correſpondances il eſt auſſi ſecret & auſſi ſoigneux, que s'il étoit queſtion de haute trahiſon. Cependant il ne ſe mêle gueres de politique, quoique perſonne ne connoiſſe mieux les interêts des Princes & l'état des Cours étrangeres.

Que vous & moi, ma chere, nous prenions beaucoup de plaiſir a écrire, il n'y a rien de ſurprenant. Depuis que nous ſommes capables de tenir une plume, nous avons fait notre amuſement des correſpondances epiſtolaires. Nos occupations ſont domeſtiques & ſédentaires, &

nous pouvons jetter fur le papier cent chofes innocentes, dont cette qualité même fait le prix à nos yeux, quoiqu'elles euffent peut-être auffi peu d'agrément que d'utilité pour autrui. Mais qu'un jeune homme de cette humeur, gai, vif, qui aime la chaffe, les chevaux, les voyages, qui ne manque point une fête publique & qui a mille goûts particuliers, puiffe être affis quatre heures entieres pour écrire, c'eft ce qui doit caufer de l'étonnement.

Madame Fortefcue dit qu'il entend parfaitement la méthode des abbreviations. Je vous demande en paffant, quel peut avoir été le motif d'un homme qui écrit auffi vîte que lui, pour apprendre l'art d'abreger ?

Elle dit, & nous le favons auffi-bien qu'elle, qu'il a la mémoire furprenante & l'imagination d'une vivacité extraordinaire.

Quels que foient fes autres vices, tout le monde rend témoignage, comme Madame Fortefcue, que c'eft un homme fobre ; & parmi toutes fes mauvaifes qualités, le jeu, ce grand ennemi du bon emploi du tems & de la fortune, n'a jamais été fon vice ; de forte qu'il doit avoir la tête auffi froide & la raifon auffi nette que la fleur de l'âge & sa gayeté naturelle le permettent ; & l'habitude qu'il a de se lever de bonne heure lui donne beaucoup de tems pour écrire, ou pour faire pis.

Madame Fortescue parle d'un de ses amis, avec lequel il est lié plus étroitement qu'avec tous les autres. Vous vous souvenez de ce que l'Intendant congedié a dit de lui & de ses associés en général. Le portrait que cet homme a fait de lui me paroit assez juste. Madame Fortescue confirme ce qui regarde la frayeur où il tient toute sa famille. Elle croit aussi qu'il est quitte de toutes ses dettes , & qu'il n'en fera pas de nouvelles ; par le même motif, apparemment, qui lui fait éviter d'avoir obligation à ses proches.

Quelqu'un , qui seroit porté à juger favorablement de lui , se persuaderoit volontiers qu'un homme brave, un homme éclairé & diligent, ne sauroit être naturellement un méchant homme. Mais s'il vaut mieux que ses ennemis le prétendent (il seroit bien méchant en effet , s'il étoit pire) on ne peut le laver d'une faute inexcusable, qui est d'avoir trop d'indifférence pour sa réputation. Ce défaut ne peut venir, à mon avis , que de l'une ou l'autre de ces deux raisons ; où

de ce qu'il fent au fond du cœur qu'il
mérite tout le mal qu'on dit de lui ; où de
ce qu'il fait gloire de paffer pour pire
qu'il n'eft : deux mauvais fignes , & d'un
augure effrayant ; puifque le premier
marque un caractére tout à fait abandonné ; & que ce qu'on peut conclure
naturellement de l'autre , c'eft qu'un homme qui n'a pas honte de ce qu'on lui im-
pute , ne fera pas fcrupule de s'en rendre
coupable dans l'occafion.

Enfin , fur tout ce que j'ai pû recueillir
de Madame Fortefcue , M. Lovelace me
paroit un homme rempli de défauts.
Vous & moi, nous l'avons cru trop vif ,
trop inconfideré , trop téméraire , trop
incapable d'hypocrifie , pour être profond. Vous voyez que dans fes démêlez
avec votre frere , il n'a jamais voulu déguifer fon caractére naturel , qui eft affurément fort hautain. Lorfqu'il croit devoir du mépris , il le pouffe à l'excès. Il
n'a pas même la complaifance d'épargner vos oncles.

Mais fût-il profond , & le fût-il beaucoup , vous l'auriez bien-tôt pénétré fi
vous étiez livrée à vous même. Sa vanité
vous ferviroit à le démêler. Jamais homme n'en eût plus que lui. Cependant ,
fuivant l'obfervation de Madame For-

teſcue, jamais on n'en tira parti plus heureuſement. Elle eſt ſoutenue par un ſingu-
lier mélange de vivacité & d'enjouement.
La moitié de ce qui lui échape à ſon
avantage, lorſqu'il eſt dans ces accès d'a-
mour propre, rendroit tout autre homme
inſuportable.

❀   ❀

Parler du loup, eſt un vieux proverbe.
L'agréable fripon m'a fait une viſite &
ne fait que ſortir d'ici. Ce n'eſt qu'impatience & reſſentiment de la conduite
qu'on tient avec vous, & crainte auſſi
qu'on ne parvienne à ſurmonter vos réſo-
lutions.

Je lui ai dit, comme je le penſe,
qu'on ne vous fera jamais conſentir à
prendre un homme tel que Solmes ; mais
que l'affaire ſe terminera probablement
par une compoſition, qui ſera de renoncer à l'un & à l'autre.

Jamais homme, dit-il, avec une fortune & des alliances ſi conſidérables, n'a
obtenu ſi peu de faveur d'une femme
pour laquelle il ait tant ſouffert.

Je lui ai demandé, avec ma franchiſe
ordinaire à qui en eſt la faute, & je l'en
ai fait Juge lui-même. Il s'eſt plaint que
votre frere & vos oncles ont des eſpions

à gages, pour obferver fa conduite & fes mœurs. Je lui ai répondu que cela étoit fâcheux pour lui, d'autant plus que de l'un & de l'autre côté je ne le croyois pas à l'épreuve des obfervations ; il a fouri, en me difant qu'il étoit mon ferviteur, & qu'il convenoit que l'occafion étoit trop belle pour Mifs Howe, qui ne l'avoit jamais épargné. Dieu me pardonne, ma chere, je fuis tentée de croire que ces petits cerveaux veulent employer la rufe contre lui. Ils feroient mieux de prendre garde qu'il ne les paye de leur propre monoye. Ils ont le cœur plus propre que la tête à ce manége.

Je lui ai demandé s'il s'en eftimoit beaucoup d'avantage, d'avoir plus d'habileté qu'eux pour ces belles opérations. Il a changé de difcours, & le refte n'a été qu'une profufion des plus parfaits fentimens de refpect & d'affection pour vous. L'objet en étant fi digne, qui peut douter de la vérité de ces proteftations ?

Adieu, ma chere, ma noble amie ; la généreufe conclufion de votre derniere lettre me donne pour vous plus de tendreffe & d'admiration que je ne puis l'exprimer. Quoique j'aye commencé celleci par une raillerie impertinente, parce que je fais que vous avez toujours eu de l'indulgence pour mes folles faillies, il n'y a jamais eu de cœur qui ait fenti plus vivement la chaleur d'une véritable ami- tié que celui de votre fidelle ,

ANNE HOWE.

LETTRE XIII.

Mifs. CLARISSE HARLOVE , à Mifs HOWE.

Mercredi 1 Mars.

JE prens la plume pour vous expli- quer les motifs qui engagent fi ardem- ment mes amis dans les interêts de M. Solmes.

Je n'éclaircirois pas bien cette matié- re, fi je ne retournois un peu fur mes pas, au rifque de vous répéter quelques çirconftances dont je vous ai déja infor- mée. Regardez cette Lettre, fi vous voulez, comme une efpéce de fupplé- ment à celles du 15. & du 20. Janvier dernier. Dans ces deux Lettres, dont j'ai confervé des Extraits, je vous ai fait une peinture de la haine implacable de mon frere & de ma fœur pour M. Lo- velace, & des moyens qu'ils avoient em- ployés, de ceux du moins qui étoient venus à ma connoiffance, pour le ruiner dans l'eſtime de mes autres amis. Je vous ai raconté qu'après avoir pris à ſon égard des maniéres très-froides, qui ne pouvoient paſſer néanmoins pour une offence directe, ils s'étoient emportés tout d'un coup à la violence & à des inſultes perſonnelles, qui avoient produit à la fin la malheureuſe rencontre que vous ſçavez, entre mon frere & lui.

Il faut vous dire à préſent que dans la derniere converſation que j'ai eue avec ma tante, j'ai découvert que cet emportement ſoudain, de la part de mon frere & de ma ſœur, avoit une cauſe plus puiſſante, qu'une ancienne antipathie de Collége, & qu'un amour mépriſé. C'étoit la crainte que mes oncles ne penſaſſent à ſuivre en ma faveur l'exemple de mon grand-pere ; crainte fondée, à ce qu'il ſemble, ſur une converſation entre mes oncles, & mon frere & ma ſœur, que ma tante ma communiquée en confidence, comme un argument capable de me faire accepter les grandes offres de M. Solmes, en me repréſentant que ma complaiſance alloit renverſer les vûës de mon frere & de ma ſœur, & m'établir pour jamais dans les bonnes graces de mon pere & de mes deux oncles.

Je vous rapporterai en gros cette confidence de ma tante, après une ou deux obſervations, que je crois moins néceſ-ſaires pour vous, qui nous connoiſ-ſez tous ſi parfaitement, que pour met-tre de l'ordre & une ſuite raiſonnable dans mon récit.

Je vous ai entretenue plus d'une fois du projet favori de quelques perſonnes de no-tre famille, qui eſt de former ce qu'on ap-pelle une *Maiſon* ; deſſein qui n'a rien de révoltant d'aucun des deux côtés, particu-liérement de celui de ma mere. Ce ſont des idées qui naiſſent aſſez ordinairement dans les familles opulentes, auxquelles leurs richeſſes mêmes font ſentir qu'il leur manque un rang & des titres.

Mes oncles avoient étendu cette vûë à chacun des trois enfans de mon Pere, dans la perſuaſion que renonçant eux mê-mes au mariage, nous pouvions être tous trois aſſez bien partagés & mariés aſſez avantageuſement, pour faire par nous-mêmes ou par notre poſtérité une figure diſtinguée dans notre Païs. D'un autre côté, mon frere, en qualité de fils uni-que, s'étoit imaginé que deux filles pou-voient être fort bien pourvûës, chacune avec douze ou quinze mille liv. ſterling; & que tout le bien réel de la famille, c'eſt-à-dire celui de mon grand-pere, de mon pere & de mes deux oncles, avec leurs acquifitions perfonnelles & l'efpérance qu'il avoit du côté de fa maraine, pouvoient lui compofer une fortune affez noble & lui donner affez de crédit, pour l'élever à la dignité de Pair. Il ne falloit pas moins pour fatisfaire fon ambition.

Avec cette idée de lui-même, il commença de bonne heure à fe donner de grands airs. On lui entendoit dire que fon grand-pere & fes oncles étoient fes Intendans : que jamais perfonne n'avoit été dans une plus belle fituation que la fienne : que les filles ne font qu'un embarras, un *attirail* dans une famille. Cette baffe expreffion étoit fi fouvent dans fa bouche, & toujours prononcée avec tant de fuffifance, que ma fœur qui femble regarder aujourd'hui une fœur cadette comme un *embarras*, me propofoit alors de nous liguer pour notre commun intérêt contre les vûës *rapaces* de mon frere ; c'eft le nom qu'elle leur donnoit : tandis que j'aimois mieux regarder des libertés de cette nature comme autant de plaifanteries paffagéres, que je voyois même avec plaifir, dans un jeune homme qui n'étoit pas naturellement de bonne humeur, ou comme un foible qui ne méritoit que de la raillerie.

Mais lorfque le Teftament de mon grand-pere, dont j'ignorois les difpofitions comme eux avant qu'il fut ouvert, eut coupé une branche des efpérances de mon frere, il marqua beaucoup d'indifpofition pour moi. Et perfonne au fond ne parut content. Quoique je fufle aimée de tout le monde, comme j'étois la derniére des trois enfans, pere, oncles frere, fœur, tous fe crurent maltraités fur le point du droit & de l'autorité. Qui n'eft pas jaloux de fon autorité ? Mon pere même ne put fupporter de me voir établie dans une forte d'indépendance ; car ils convenoient tous que telle étoit la force du Teftament par rapport au leg qui me regarde, & que j'étois même difpenfée de rendre aucun compte.

Cependant, pour aller au devant de toutes les jaloufies, j'abandonnai, comme vous fçavez, au ménagement de mon pere, non-feulement la Terre, mais encore une fomme confidérable qui m'étoit léguée. C'étoit la moitié de l'argent comptant que mon grand-pere s'étoit trouvé à fa mort, & dont il laiffa l'autre moitié à ma fœur. Je me bornai à la petite fomme qu'on avoit toujours eu la bonté de m'accorder pour mes menus plaifirs, fans défirer qu'elle fut augmentée, & je me

flattai que cette conduite m'avoit mife à
couvert de l'envie ; mais comme elle fit
croître pour moi l'amitié de mes oncles
& la bonté de mon pere, mon frere &
ma fœur ne cefférent pas de me rendre
fourdement, dans l'occafion, toutes fortes de mauvais offices ; & la caufe en eft
claire aujourd'hui. A la vérité j'y faifois
peu d'attention, parce que je me repo-
fois fur l'idée que mon devoir étoit rempli, & j'attribuois ces petits travers à la
pétulance qu'on leur reproche à tous
deux.

L'acquifition de mon frere ayant bien-
tôt fuccédé, ce fut un changement de
fcéne qui nous rendit tous fort heureux.
Il alla prendre poffeffion des biens qu'on
lui laiffoit, & fon abfence, fur-tout pour
une fi bonne caufe, augmenta notre
bonheur. Elle fut fuivie de la propofition de Mylord M.... pour ma fœur.
Autre furcroit de félicité pour un tems.
Je vous ai raconté dans quel excès de
bonne humeur ma fœur fut pendant
quelques jours.

Vous fçavez comment cette affaire s'é-
vanouit. Vous fçavez ce qui vint à la
place.

Mon frere arriva d'Ecoffe, & la paix
fut bien-tôt troublée. Bella, comme je

me fouviens de vous l'avoir fait obferver,
eut l'occafion de dire hautement qu'elle
avoit refufé M. Lovelace par mépris
pour fe mœurs. Cette déclaration porta
mon frere à s'unir avec elle dans une même caufe. Ils fe mirent tous deux à rab-
baiffer M. Lovelace & même fa famille,
qui ne mérite affûrément que du refpect;
& leurs difcours donnérent naiffance à la
converfation où je veux vous conduire,
entre mes oncles & eux. Je vais vous en
expliquer les circonftances, après avoir
remarqué qu'elle précéda la rencontre,
& qu'elle fuivit prefqu'immédiatement
les informations qu'on fe procura fur les
affaires de M. Lovelace, & qui furent
moins défavantageufes que mon frere &
ma fœur ne l'avoient efpéré, ou qu'ils ne
s'y étoient attendus.

Ils s'étoient emportés contre lui avec
leur violence ordinaire, lorfque mon oncle Antonin, qui les avoit écoûtés patiem-
ment, déclara » qu'à fon avis ce jeune
» homme s'étoit comporté en galant
» homme, & fa niéce Clary avec pru-
» dence ; & qu'on ne pouvoit défirer,
» comme il l'avoit dit fouvent, une al-
» liance plus honorable pour la famille,
» puifque M. Lovelace jouiffoit d'un
» fort bon patrimoine, en biens clairs

» & nets, fuivant le témoignage même
» d'un ennemi : que d'ailleurs il ne pa-
» roifloit pas qu'il fut aufli méchant
» qu'on l'avoit repréfenté ; qu'il y avoit
» à la vérité de la diflipation à lui re-
» procher, mais qu'il étoit dans la vi-
» vacité de l'âge ; que c'étoit un hom-
» me de fens ; & qu'il falloit compter
» que fa niéce ne voudroit pas de lui ,
» fi elle n'avoit de bonnes raifons de le
» croire déja réformé , ou difpofé à la
» réformation par fon exemple.

Enfuite (je parle d'après ma tante)
pour donner une preuve de la générofité
de fon caractére , qui marquoit affez ,
leur dit-il , qu'il n'étoit pas méchant par
nature , & qu'il avoit dans l'ame, eut-il
la bonté d'ajoûter , un fond de reffemblance avec moi ; il leur raconta qu'un
jour, lui ayant repréfenté lui-même , fur
ce qu'il avoit entendu de Mylord M ..,
qu'il pouvoit tirer de fon bien, trois ou
quatre cens liv. fterling de plus, chaque
année ; fa réponfe avoit été » que fes
» Fermiers le payoient fort bien ; que
» dans fa famille c'étoit une maxime ,
» dont il ne s'écarteroit jamais , de ne
» pas trop rançonner les anciens Fer-
» miers ou leurs defcendans , & qu il fe
» faifoit un plaifir de leur voir de l'em-

» bonpoint, des habits propres, & l'air
» content.

Il est vrai que moi - même, je lui ai
entendu raconter quelque chose d'approchant, & que je ne lui ai jamais vû le
visage plus satisfait que dans cette occasion ; excepté néanmoins dans celle qui
avoit amené le récit dont je parle. La
voici. Un malheureux Fermier vint demander à mon oncle Antonin quelque
diminution, en présence de M. Lovelace. Lorsqu'il fut sorti, sans avoir rien obtenu, M. Lovelace plaida si bien sa cause, que l'homme fut rappellé, & que sa
demande lui fut accordée. M. Lovelace
le suivit secrétement & lui fit présent de
deux guinées, comme un secours présent ; parce que cet homme avoit déclaré, entre ses plaintes, qu'il ne possédoit
pas actuellement cinq schellings. A son
retour, après avoir beaucoup loué mon
oncle, il lui raconta, sans aucun air
d'ostentation, qu'étant un jour dans ses
terres, il avoit remarqué à l'Eglise un
vieux Fermier & sa femme en habits fort
pauvres, & que leur ayant fait le lendemain diverses questions la dessus, parce
qu'il sçavoit que leur marché étoit fort
bon, il avoit appris d'eux qu'ils avoient
fait quelques entreprises qui leur avoient

mal réuſſi ; ce qui les avoit mis tellement
en arriére, qu'ils n'auroient pas été en
état de payer ſa Rente s'ils s'étoient donné des habits plus propres. Il leur avoit
demandé de combien de tems ils croyoient
avoir beſoin pour rétablir leurs affaires.
Peut-être deux ou trois ans, lui avoit dit
le Fermier. Hé bien, leur dit-il ; je vous
fais une diminution de cinq guinées par
ans, pendant l'eſpace de ſept années, à
condition que vous mettrez cette ſomme
ſur vous & ſur votre femme, pour paroître
le Dimanche à l'Egliſe, comme il convient
à mes Fermiers : en même-tems, prenez
ce que je vous donne ici (portant la main à
ſa poche & tirant cinq guinées) pour vous
mettre préſentement en meilleur ordre ;
& que je vous voye Dimanche prochain
à l'Egliſe, la main l'un dans celle de l'autre, comme d'honnêtes & fideiles moi-
tiés ; après quoi je vous retiens tousdeux,
pour dîner le même jour avec moi.

Quoique ce récit me plût beaucoup,
parce que j'y trouvai aſſûrément un témoignage de généroſité, & tout à la fois
de prudence, puis que ſuivant la remarque de mon oncle, la valeur annuelle de la Ferme n'étoit pas diminuée ; cependant, ma chere, je ne ſentis point de
battemens de cœur, ni de *chaleur* au viſa-

ge. Non, en vérité, je n'en fentis point.
Seulement , je ne pûs m'empêcher de
dire en moi-même : ›› fi le Ciel me def-
›› tinoit cet homme , il ne s'oppoferoit
›› point à bien des chofes auxquelles je
›› prend tant de plaifir. Je dis auffi :
›› quelle pitié qu'un tel homme ne foit
›› pas univerfellement bon !
Pardonnez-moi cette difgreffion.

Mon oncle ajouta, fuivant le recit de
ma tante›› qu'outre fon patrimoine, il étoit
›› l'héritier immédiat de plufieurs fortu-
›› nes brillantes ; que pendant le traité
›› pour fa niéce Arabelle, Mylord M..
›› s'étoit expliqué fur ce que lui-méme
›› & fes deux demi-fœurs étoient réfo-
›› lus de faire en fa faveur, pour le met-
›› tre en état de foutenir un titre qui de-
›› voit s'éteindre à la mort de Mylord ,
›› mais qu'on efpéroit de lui procurer ;
›› ou peut-être un plus confidérable en-
›› core, qui étoit celui du pere de ces deux
›› Dames , éteint depuis quelques tems
›› faute d'héritiers mâles : que c'étoit
›› dans cette vûë qu'on défiroit fi ardem-
›› ment de le voir marié : que ne voyant
›› point où M. Lovelace pourroit trou-
›› ver mieux lui-même , il croyoit véri-
›› tablement qu'il y avoit affez de biens
›› dans notre famille pour former trois

» Maisons considérables : que pour lui,
» il ne faisoit pas difficulté d'avouer qu'il
» souhaitoit d'autant plus cette alliance,
» qu'avec la naissance & les richesses de
» M. Lovelace, il y avoit la plus forte
» apparence que sa niéce Clarisse se ver-
» roit un jour *Pairesse* de la Grande Bre-
» tagne ; & que dans une si belle espé-
» rance (voici, ma chere, le trait mor-
» tifiant) il ne croiroit rien faire de mal-
» à-propos, s'il contribuoit par ses dis-
» positions au support de cette dignité.

Il paroît que mon oncle Jules, loin de
désapprouver son frere, déclara » qu'il ne
» voyoit qu'une objection contre l'allian-
» ce de M. Lovelace, qui étoit ses mœurs ;
» d'autant plus que mon pere pouvoit
» faire les avantages qu'il voudroit à
» Miss Bella & à mon frere, & que mon
» frere étoit actuellement en possession
» d'un gros bien, par la donation & le
» Testament de sa maraine I oyell.

Si j'avois eu plutôt toutes ces lumiéres,
j'aurois été moins surprise d'un grand
nombre de circonstances qui me paroif-
soient inexplicables dans la conduite
que mon frere & ma sœur ont tenuë
avec moi, & j'aurois été plus sur mes
gardes, que je ne m'y suis cruë obligée.

Vous pouvez vous figurer aisément

quelle impreſſion ces diſcours firent alors
ſur mon frere. Il ne fut pas content,
comme vous vous en doutez bien, d'entendre *deux de ſes Intendans*, qui lui tenoient ce langage.

Dès ſes premiéres années il a trouvé le
ſecret de ſe faire craindre & comme reſpecter de toute la famille, par la violence de ſon humeur. Mon pere lui-même,
long-tems avant que ſon acquiſition eut
encore augmenté ſon arrogance, s'y pré-
toit fort ſouvent, par indulgence pour
un fils unique, qu'il regardoit comme le
ſoutien de ſa famille. Il ne doit pas être
fort porté à ſe corriger d'un défaut qui
lui a procuré tant de conſidération.

Voyez, ma ſœur, dit-il alors à Bella,
d'un ton paſſioné & ſans faire attention
à la préſence de mes oncles; voyez où
nous en ſommes. Il ne nous reſte qu'à
prendre garde à nous. Cette petite ſyrene
pourroit bien nous ſupplanter dans le
cœur de nos oncles, comme dans celui
de notre grand pere.

C'eſt depuis ce tems-là, comme je le
vois clairement aujourd'hui en raproo
chant toutes les circonſtances, que mon
frere & ma ſœur ont commencé à ſe conduire avec moi, tantôt comme avec une
perſonne qu'ils trouvoient dans leur chemin,

min , tantôt comme avec une créature à laquelle ils suppofent de l'amour pour leur ennemi commun ; & qu'ils ont commencé à vivre enfemble comme n'ayant plus qu'un même intérêt , dans la réfolution d'employer toutes leurs forces pour rompre le projet d'une alliance , qui les obligeroit vrai-femblablement de refferrer leurs propres vûes.

Mais comment pouvoient-ils fe promettre d'y réuffir, après la déclaration de mes deux oncles ?

Mon frere en a trouvé le moyen. Ma fœur , comme j'ai dit , ne vît plus que par fes yeux. Cette union produifit bientôt de la méfintelligence dans le refte de la famille. M. Lovelace fut vû plus froidement de jour en jour. Comme il n'étoit pas homme à fe rebuter de leurs grimaces , les affronts perfonnels fuccéderent ; enfuite les défis , qui aboutirent à la malheureufe rencontre. Cet événement acheva de tout rompre. Aujourd'hui , fi je n'entre dans toutes leurs vues, on fe propofe de me contefter l'héritage de mon grand pere ; & moi , qui n'ai jamais penfé à tirer le moindre avantage de l'indépendance où l'on m'a mife , » je dois » être auffi dépendante de la volonté de » mon pere , qu'une fille qui ne fçait pas

» ce qui lui eſt bon. » C'eſt à préſent le langage de la famille.

Mais ſi je me rens à leurs volontés, combien ne prétendent-ils pas que nous ferons tous heureux ! Que de préſens, que de bijoux, ne dois-je pas recevoir de chacun de mes amis ? Et puis la fortune de M. Solmes eſt ſi conſidérable, & ſes offres ſi avantageuſes, que j'aurai toujours le moyen de m'élever au-deſſus d'eux, quand les intentions de ceux qui veulent me favoriſer demeureroient ſans effet. Dans cette vue on me trouve à préſent un mérite & des qualités qui feront d'elles-mêmes un équivalent pour les grands avantages qu'il doit me faire, & qui mettront encore l'obligation de ſon côté, comme ils feront profeſſion de m'en avoir beaucoup du leur. On m'aſſure que c'eſt la maniere dont il penſe lui-même ; ce qui ſignifie qu'il doit être auſſi abject à ſes propres yeux, qu'à ceux de mes chers parens. Ces charmantes vûes une fois remplies, que de richeſſes, que de ſplendeur dans toute notre famille ! & moi, quels droits n'aurai-je pas ſur leur reconnoiſſance ? & pour faire tant d'heureux à la fois, que m'en coutera-t'il ? un ſeul acte de devoir, conforme à mon caractére & à mes principes ; du moins fi je fuis cette fille refpectueufe & cette genereufe fœur pour laquelle j'ai toujours voulu paſſer.

Voilà le côté brillant qu'on préſente à mon pere & à mes oncles, pour captiver leur eſprit. Mais j'appréhende bien que le deſſein de mon frere & de ma fœur ne foit de me perdre abfolument auprès d'eux. S'ils avoient d'autres intentions, n'auroient-ils pas employé, lorſque je fuis revenue de chez vous, tout autre moyen que celui de la crainte, pour me faire entrer dans leurs mefures ? C'eſt une méthode qu'ils n'ont pas ceſſé de fuivre depuis.

En même-tems, l'ordre eſt donné à tous les Domeſtiques de témoigner à M. Solmes le plus profond refpect. Le *Genereux M. Solmes* eſt un nom que la plûpart commencent à lui donner. Mais ces ordres ne font-ils pas un aveu tacite qu'on ne le croit pas propre à s'attirer du refpect par lui-même ? Dans toutes fes vifites, il eſt non-feulement careſſé des Maîtres, mais révéré comme une idole par tout ce qu'il y a de gens au fervice de la maifon ; & le *noble établiſſement* eſt un mot qui court de bouche en bouche, & qui fe repete comme par échos.

Quelle honte ! de trouver de la nobleſſe

dans les offres d'un homme dont l'ame eſt aſſez baſſe pour avouer qu'il hait ſa propre famille , & aſſez méchante pour former le deſſein de ravir de juſtes eſpérances à tous ſes proches, qui n'ont que trop beſoin de ſon ſecours ; dans la vûe non-ſeulement de mettre tous ſes biens ſur ma tête , mais , ſi je meurs ſans enfans , & s'il n'en a pas d'un autre mariage , de l'abandonner à une famille qui en regorge déja. Car telles ſont en effet ſes offres. Quand je n'aurois pas d'autres raiſons de le mépriſer , en faudroit-il davantage que cette cruelle injuſtice qu'il fait à ſa famille ? Un homme de rien ! je ne crains pas de le dire ; car il n'étoit pas né pour les immenſes richeſſes qu'il poſſede : & croyez-vous que je ne fuſſe pas auſſi coupable de les accepter , qu'il l'eſt de me les offrir , ſi je pouvois gagner ſur moi de les partager avec lui , où ſi l'attente d'une reverſion encore plus criminelle étoit capable d'influer ſur mon choix ? Soyez perſuadée que ce n'eſt pas un médiocre ſujet d'affliction pour moi , que mes amis ayent pû trouver dans leurs principes dequoi juſtifier des offres de cette nature.

Mais c'eſt la ſeule méthode qu'on croye capable de rebuter M. Lovelace & de répondre à toutes les vûes qu'on a ſur chacun de nous. On eſt perſuadé que je ne tiendrai pas contre les avantages qui doivent revenir à la famille, de mon mariage avec M. Solmes, depuis qu'on a découvert à préſent de la poſſibilité (qu'un eſprit auſſi avide que celui de mon frere change aiſément en probabilité) à faire revenir la Terre de mon grand pere, avec des biens plus conſidérables encore du côté de cet homme-là. On inſiſte ſur divers exemples de ces réverſions dans des cas beaucoup plus éloignez; & ma ſœur cite le vieux Proverbe, qu'il *eſt toujours bon* d'avoir quelque rapport à une groſſe ſucceſſion : pendant que Solmes, ſouriant ſans doute en lui-même de ſes eſpérances, tout éloignées qu'elles ſont, obtient toute leur aſſiſtance par de ſimples offres, & ſe promet de joindre à ſon propre bien celui qui m'attire tant d'envie ; d'autant plus que par ſa ſituation, entre deux de ſes Terres, il paroît valoir pour lui le double de ce qu'il vaudroit pour un autre. Comptez qu'à ſes yeux, ce motif a plus de force que le mérite d'une femme.

Il me ſemble, ma chere, que voilà les principales raiſons qui engagent avec tant de chaleur mes parens dans ſes interêts. Permettez ici que je déplore encore une fois les principes de ma famille, qui donnent à toutes ces raisons une force à laquelle il me sera bien difficile de résister.

Mais de quelque maniere que l'affaire puisse tourner entre Solmes & moi, il demeure vrai du moins que mon frere a réussi dans toutes ses vûes ; c'est-à-dire, premierement, qu'il a déterminé mon pere à faire sa propre cause de la sienne, & à exiger mon consentement comme un acte de devoir :

Ma mere n'a jamais entrepris de s'opposer à la volonté de mon pere, lorsqu'il a déclaré une fois ses résolutions.

Mes oncles, qui sont, vous me permettrez de le dire, de vieux garçons imperieux, absolus, enflez de leurs richesses, quoique d'ailleurs les plus honnêtes gens du monde, portent fort haut l'idée qu'ils ont des devoirs d'un enfant, & de l'obéissance d'une femme. La facilité de ma mere les a confirmés dans la seconde de ces deux idées, & sert à fortifier la premiere.

Ma tante Hervey, qui n'est pas des plus heureuses dans son mariage, & qui a peut-être quelque petites obligations à la famille, s'est laissée gagner, & n'aura pas la hardiesse d'ouvrir la bouche en ma faveur contre la volonté déterminée de mon pere & de mes oncles. Je regarde même son silence & celui de ma mere, sur un point si contraire à leur premier jugement, comme une preuve trop forte que mon pere est absolument décidé.

Le traitement qu'on a fait à la digne Madame Norton en est une confirmation fort triste. Connoissez-vous une femme dont la vertu mérite plus de considération? Ils lui rendent tous cette justice; mais comme il lui manque d'être riche, pour donner un juste poids à son opinion sur un point contre lequel elle s'est déclarée & qu'ils ont résolu d'emporter, on lui a interdit ici les visites; & même toute correspondance avec moi, comme j'en suis informée d'aujourd'hui.

Haine pour Lovelace, aggrandissement de famille, & ce grand motif de l'autorité paternelle! Combien de forces réunies! lorsque chacune de ces considérations en particulier suffiroit pour emporter la balance.

Mon frere & ma sœur triomphent. Ils m'ont abbatue; c'est leur expression, qu'Hannah dit avoir entendue. Ils ont raison de le dire, (quoique je ne croye pas m'être jamais élevée trop insolemment) car mon frere peut à présent me forcer de fuivre fes volontés , pour le malheur de ma vie ; & me rendre ainfi l'inftrument de fa vengeance contre M. Lovelace, ou me perdre dans l'efprit de toute ma famille , fi je refufe d'obéir.

On s'étonnera que des Courtifans em-ployent l'intrigue & les complots pour s'entre-détruire ! lorfque dans le fein d'u-ne maifon particuliere , trois perfonnes, les feules qui puiffent avoir quelque chofe à démêler enfemble , & dont l'une fe flatte d'être affez fuperieure à toutes fortes de baffeffes , ne peuvent pas vivre plus unies.

Ce qui me caufe à préfent le plus d'in-quiétude , c'eft la tranquillité de ma me-re , qui me paroît fort en danger. Comment le mari d'une telle femme , (qui eft lui-même un excellent homme : mais cette qualité d'homme a de fi étran-ges prérogatives!) comment peut-il être fi abfolu , fi obftiné à l'égard d'une per-fonne qui a jetté dans la famille des ri-cheffes , dont ils connoiffent tous fi bien le prix , que cette raifon feule devroit leur infpirer plus de confidération pour elle ? Ils la refpectent à la vérité ; mais je fuis fâchée de dire qu'elle achete ce refpect par fes complaifances. Cependant un mérite auffi diftingué que le fien de-vroit lui attirer de la vénération ; & fa prudence mériteroit que tout fut confié à fon gouvernement.

Mais où s'égare ma plume ? Comment une fille perverfe ofe-t'elle parler, avec cette liberté, de ceux à qui elle doit tant de refpect, & pour lefquels elle n'en a pas moins qu'elle ne doit ? Malheureufe fituation, que celle qui l'oblige d'expofer leurs défauts pour fa propre défenfe ! Vous qui fçavez combien j'aime & je refpecte ma mere, vous devez juger quel eft mon tourment, de me trouver forcée de rejetter un fyftéme dans lequel elle s'eft engagée. Cependant je le dois. M'y foumettre eft une chofe impoffible ; & fi je ne veux m'expofer à voir croître les difficultés, il faut que je déclare promptement mon oppofition, puifque je viens d'apprendre qu'aujourd'hui même on a confulté les Avocats fur les articles. Auriez-vous jamais pû vous le perfuader ?

Si j'étois née d'une famille Catholique-Romaine, combien ne ferois-je pas plus heureufe de n'avoir à craindre que la retraite perpetuelle d'un Couvent, qui répondroit parfaitement à toutes leurs vûes ? Que je regrette auffi qu'une certaine perfonne ait été méprifée par une autre ! Tout auroit été conclu avant que le

retour de mon frere pût y apporter de
l'oppofition. J'aurois aujourd'hui une
fœur que je n'ai plus, & deux freres,
tous deux afpirans à ce qu'il y a de plus
relevé, titrez tous deux peut-être ; quoique je n'euffe jamais eftimé, dans l'un &
l'autre, que ce qui eft plus noble & plus
précieux que tous les titres.

Mais que l'amour propre de mon frere eft gouverné par des efperances éloignées ! A quelle diftance étend-t'il fes
vûes ? Des vûes qui peuvent être anéan-
ties par le moindre accident, tel, par
exemple, qu'une fiévre, dont il porte toujours la femence prête à germer dans un
temperamment auffi impetueux que le
fien, ou que le coup provoqué des armes
d'un ennemi.

Cette Lettre devient trop longue.
Avec quelque liberté que je puiffe m'expliquer fur la conduite de mes amis, je
compte de votre part fur une interpréta-
tion favorable ; & je ne fuis pas moins fûre que vous ne communiquerez à perfonne les endroits où je paroîtrois dénoncer
trop librement certains caracteres ; ce
qui pourroit m'expofer au reproche d'oublier quelquefois le devoir ou la décence.

CL. HARLOVE.

LETTRE XIV.

Miss Clarisse Harlove, à Miss Howe.

Jeudi au soir 2. Maro.

EN portant au lieu du dépôt ma Let-tre précédente, qui étoit commen-cée d'hier, mais que diverses interrup-tions ne m'ont permis d'achever qu'au-jourd'hui, Hannah vient de trouver celle que vous m'avez écrite ce matin. Je vous rends graces, ma chere, de cette diligence obligeante. Quelques lignes, que je me hâte de jetter sur le papier, arriveront peut-être assez tôt pour vous être portées avec les autres. Cependant elles ne con-tiendront que mes remerciemens, & quelques reflexions sur le redoublement de mes craintes.

Il faut que je demande ou que je cherche l'occasion d'entretenir ma mere, pour l'engager à m'accorder sa média-tion ; car si je souffre plus long-tems qu'on donne le nom de timidité à mon antipathie, je suis en danger de me voir fixer le jour. Des sœurs ne devroient-el-les pas avoir l'une pour l'autre des senti-

G vj

mens de sœur ? Ne devroient-elles pas faire cause commune , dans une occasion de cette nature , & la regarder comme la cause de leur sexe ? Cependant on m'informe que la mienne , pour entrer dans les intentions de mon frere , & de concert sans doute avec lui , a proposé en pleine assemblée , avec une chaleur qui lui est particuliere lorsqu'elle s'est mis quelque chose en tête , de me fixer absolument un jour , & de me déclarer que si je refuse de me soumettre , ma punition ne sera rien moins que la perte de mon bien & de l'affection de tous mes proches.

Elle n'a pas besoin d'être si officieuse. Le crédit de mon frere suffit sans le secours du sien ; car il a trouvé le moyen de liguer contre moi toute la famille. A l'occasion apparemment de quelque nouvelle plainte , ou de quelque découverte qui concerne M. Lovelace , (j'ignore à l'occasion de quoi) ils se font engagez tous , ou doivent s'engager l'un à l'autre , par un écrit signé (Helas ! Ma chere , que vais-je devenir !) de l'emporter en faveur de M. Solmes ; pour le soutien , disent-ils, de l'autorité de mon pere ; & contre Lovelace , en qualité de libertin , & d'ennemi de la famille : c'est-à-dire aussi , ma chere, contre moi. Politique bien mal entendue, qui leur fait joindre dans un même intérêt deux personnes qu'ils veulent éloigner pour jamais l'une de l'autre.

Le témoignage de l'Intendant n'a pas été trop à son avantage, & se trouve non-seulement confirmé, mais aggravé même par le récit de Madame Fortescue. Aujourd'hui mes amis ont acquis de nouvelles lumieres, & d'une nature si odieuse (s'il en faut croire ce que la servante de ma sœur a dit à la mienne) qu'il demeure prouvé que c'est le plus méchant de tous les hommes. Mais que m'importe à moi qu'il soit bon ou méchant ? Quelle part y prendrois-je, si je n'étois pas tourmentée par ce Solmes ? O, ma chere ! que je le hais du côté sous lequel il m'est proposé. Pendant ce tems-là, ils sont tous effrayés de M. Lovelace ; & ce qu'il y a d'étrange, ils ne craignent point de l'irriter ! Quel est mon embarras, de me trouver dans la nécessité de correspondre avec lui pour leur intérêt ! Me préserve le Ciel d'être poussée si loin par leur violence obstinée, que cette correspondance devienne jamais nécessaire pour le mien. Mais croyez-vous, ma chere, qu'ils ne puissent pas revenir de leur résoution ? De ma part, c'eſt une choſe impoſſible. Je commence à ſentir que les eſprits les plus doux ſont les plus déterminés, lorſqu'ils ſe voyent perſécutés avec tant de cruauté & d'injuſtice : la raiſon, ſans doute, c'eſt que n'ayant pas pris leur parti légerement, leur délibération même les rend inébranlables. Lorſqu'on a l'évidence pour ſoi, on ne ſouffre pas ſans impatience de ſe voir rappellé aux contentions & aux diſputes.

Une interruption m'oblige de finir avec un peu de précipitation, & même avec une ſorte d'effroi.

CL. HARLOVE.

LETTRE XV.

Miſs Howe, à Miſs Clarisse Harlove.

Vendredi 3. Mars.

VOs deux Lettres me ſont remiſes enſemble. Il eſt bien malheureux pour vous, ma chere, puiſque vos amis veulent vous voir mariée, qu'un mérite tel que le vôtre ſoit recherché par une ſucceſſion d'indignes ſujets, qui n'ont que leur préſomption pour excuſe.

Voulez-vous fçavoir pourquoi ces préfomptueux ne paroiffent pas auffi indignes qu'ils le font, aux yeux de vos amis ? C'eft que vos amis ne font pas auffi frappés de leurs défauts que d'autres le pourroient être ; & pourquoi ? Hazarderai-je de vous le dire ? C'eft qu'ils leur trouvent plus de reffemblance avec eux-mêmes. La modeftie, après tout, peut y avoir auffi quelque part ; car le moyen pour eux de fe figurer que leur niéce ou leur fœur (je ne remonte pas plus haut, dans la crainte de vous déplaire) foit un Ange ? Mais où eft l'homme, à qui je fuppofe une jufte défiance de lui-même, qui ofe lever les yeux fur Mifs Clariffe Harlove avec quelques efperances, ou avec d'autres fentimens que le défir ? Ainfi les témeraires & les préfomptueux, qui ne s'apperçoivent point de leurs défauts, ont la hardieffe d'afpirer ; tandis que le mérite modefte eft trop refpectueux pour ouvrir la bouche. Delà les perfécutions de vos *Symes*, de vos *Byrons*, de vos Mullins, de vos Wyerleys, & de vos Solmes ; autant de miferables, qui après avoir examiné le refte de votre famille, n'ont pas dû défefperer de lui faire agréer leur alliance. Mais d'eux à vous, quelle infupportable préfomption !

Cependant j'appréhende que toutes vos oppofitions ne foient inutiles. Vous ferez facrifiée à cet odieux perfonnage. Vous y confentirez vous-même. Je connois votre famille ; elle ne réfiftera point à l'amorce qui lui eft préfentée. Ô ma chere, ma tendre amie ! Tant de charmantes qualités, un mérite fi fuperieur, feront donc enfevelis dans ce déteftable mariage ! Votre oncle répete à ma mere que vous devez être foumife à leur autorité. Autorité ! N'eft ce pas un terme bien impofant dans la bouche d'un petit efprit, qui n'a d'autre avantage que d'être né trente ans plûtôt qu'un autre ! Je parle de vos oncles ; car l'autorité paternelle doit être facrée ! Mais les peres mêmes ne devroient-ils pas mettre de la raifon dans leur conduite ?

Cependant ne vous étonnez pas de la barbarie avec laquelle votre fœur en ufe dans cette affaire. J'ai une particularité curieufe à joindre aux motifs qui gouvernent votre frere, & qui éclaircira les difpofitions de votre fœur. Ses yeux, comme vous l'avez avoué, furent éblouis d'abord de la figure & de la recherche de l'homme qu'elle prétend méprifer, & qui l'honore certainement d'un fouverain mépris. Mais vous ne nous avez pas

dit qu'elle en eſt encore amoureuſe. Bell
a quelque choſe de bas , juſques dans ſon
orgueil ; & rien n'eſt ſi orgueilleux que
Bell *. Elle a fait confidence de ſon
amour , du trouble qui la ſuit pendant
le jour , qui l'empêche de dormir la nuit,
& qui eſt pour elle un éguillon de vengeance , à ſa favorite Betty Barnes. S'a-
bandonner à la langue d'une ſervante !
Pauvre créature ! Mais les petites ames,
qui ſe reſſemblent , ne manquent point
de ſe rencontrer & de ſe mêler comme
les grandes. Cependant elle a recommandé le ſilence à cette fille ; & par le
moyen de la *circulation femelle* (comme
Lovelace a eu l'impertinence de l'appeller dans une autre occaſion , pour jetter du ridicule ſur notre ſexe) Betty qui
a voulu ſe faire honneur d'avoir été jugée
digne d'un ſecret , où qui a pris plaiſir à
s'emporter contre ce qu'elle nomme la
perfidie de Lovelace , l'a dit à une de ſes
confidentes ; cette confidente l'a rapporté à la femme de chambre de Miſs Loyd,
qui l'a dit à ſa maîtreſſe. Miſs Loyd me
l'a dit ; & moi , je vous l'apprens , pour
en faire l'uſage qu'il vous plaira. A préſent vous ne ſerez pas ſurpriſe de trouver
dans Miſs Bella , une implacable rivale .

* Diminutif de Bella , comme Bella d'Arabella.

plûtôt qu'une sœur affectionnée ; & vous expliquerez à merveille les termes de *forcellerie*, de *fyrene*, & d'autres expreſ-ſions qu'on a lâchées contre vous, auſſi-bien que l'empreſſement de fixer un jour pour vous ſacrifier à Solmes ; en un mot, toutes les duretés & les violences que vous avez eſſuyées. Quelle plus douce vengeance, & contre Lovelace & con-tre vous, que de faire marier ſa riva-le à l'homme que ſa rivale hait, &¦ de l'empêcher par-là d'être à l'homme dont elle eſt amoureuſe elle-même, & qu'elle ſoupçonne ſa rivale d'aimer ! On a vû ſouvent employer le poiſon & le poi-gnard dans les fureurs de la jalouſie & de l'amour mépriſé. Vous étonnerez-vous que les liens du ſang ſoient ſans force dans la même occaſion, & qu'une ſœur puiſſe oublier qu'elle eſt ſœur ?

C'eſt ce motif ſecret, (d'autant plus puiſſant que l'orgueil y eſt trop intereſſé pour l'avouer) joint à de vieux ſentimens d'envie, & à tous les autres motifs géné-raux que vous m'avez expliqués, qui, depuis que je le connois, me remplit d'appréhenſions pour vous. Ajoutez qu'il eſt ſecondé par un frere qui a pris l'aſ-cendant ſur toute votre famille, & qui eſt engagé par ſes deux paſſions dominantes , l'intérêt & la vengeance , à vous perdre dans l'esprit de tous vos proches ; qu'ils ont tous deux l'oreille de votre pere & de vos oncles , qu'ils ne ceſſent pas de leur interprêter mal toutes vos actions & tous vos diſcours , & qu'ils ont dans la rencontre & dans les mœurs de M. Lovelace un champ continuel pour s'étendre. O ma chere ! Comment pourriez-vous réſiſter à tant d'attaques réunies ! Je ſuis ſure , hélas ! trop ſure qu'ils terraſſeront un caractere auſſi doux que le vôtre , peu accoutumé à la réſiſtance ; & je vous le dis triſtement , vous ferez *Madame Solmes* !

Il vous fera aiſé de deviner en même-tems , d'où eſt venu le bruit dont je vous ai touché quelque choſe dans une de mes Lettres ; que la ſœur cadette avoit dérobé le cœur d'un amant à ſon aînée. C'eſt Betty qui a dit auſſi , que , ni vous ni M. Lovelace , vous n'en aviez pas uſé fort honnêtement avec ſa Maîtreſſe. N'êtes-vous pas bien cruelle , ma chere , d'avoir dérobé à la pauvre Bella le ſeul amant qu'elle ait jamais eu ; & cela dans l'inſtant qu'elle s'applaudiſſoit d'avoir enfin l'occaſion , non ſeulement de ſuivre le penchant d'un cœur ſi ſuſceptible , mais encore de donner un exemple aux per-

fonnes rencheries de fon fexe (entre lefquelles elle me faifoit fans doute l'honneur de me mettre au premier rang)
pour leur apprendre à gouverner un
homme avec des rênes de foye !

Mais reprenons ; il ne me refte aucun
doute de leur perféverance en faveur de
ce méprifable Solmes , non plus que du
fond qu'ils croyent pouvoir faire fur la
douceur de votre caractere , & fur les
égards que vous aurez pour leur amitié
& pour votre propre réputation. C'eft à
préfent que je fuis plus convaincue que
jamais de la fageffe du confeil que je vous
ai donné autrefois , de conferver tous
vos droits fur la Terre que votre grand
pere vous a leguée. Si vous m'aviez écoutée , vous vous feriez affuré du moins
une confideration exterieure , de la part
de votre fœur & de votre frere , qui les
auroit forcés de renfermer dans leur cœur
l'envie & la mauvaife volonté qu'ils font
éclater avec fi peu de ménagement.

Il faut que je touche encore un peu
cette corde. N'obfervez-vous pas combien le crédit de votre frere l'a emporté
fur le vôtre, depuis qu'il poffede une fortune confidérable , & depuis que vous
avez fait naître à quelques-uns d'entr'eux
le défir de conferver la jouiffance de vo-

tre Terre, si vous ne vous soumettez pas
à leurs volontés ? Je connois tout ce qu'il
y a de louable dans vos motifs : & qui
n'auroit pas crû que vous pouviez donner
votre confiance à un pere, dont vous
étiez si tendrement aimée ? Mais si vous
aviez été dans la possession actuelle de
cette Terre ; si vous y aviez fait votre
demeure, avec votre fidelle Norton,
dont la compagnie auroit servi de protection à votre jeunesse, croyez-vous que
votre frere ne vous eut pas ménagée davantage ? Je vous disois, il n'y a pas
long-tems, que vos épreuves ne me pa-
roissoient que proportionnées à votre
prudence ; cependant vous serez plus
qu'une femme, si vous vous dégagez d'un
côté, des esprits violens & sordides qui
vous assiégent ; & de l'autre, de l'autorité tyrannique qui vous en impose.
A la vérité, vous pouvez finir tout
d'un coup, & le Public admirera votre
aveugle soumission, si vous vous déter-
minez à devenir Madame Solmes.

J'ai lû avec plaisir ce que vous me ra-
contez de la bonté de M. Lovelace pour
ses Fermiers, & du petit présent qu'il fit
à celui de votre oncle. Madame Fortefcue lui accorde la qualité du meilleur de
tous les Maîtres. J'aurois pû vous le dire,

ſi j'avois crû qu'il fut néceſſaire de vous donner un peu d'eſtime pour lui. En un mot, il a des qualités qui peuvent rendre un homme ſupportable au-deſſous de cinquante ans; mais juſqu'à cet âge, je plains la pauvre femme à laquelle il pourra tomber en partage, & je devrois dire, les *femmes*, car il en tuera peut-être une douzaine avant ce tems-là. Ne nous écartons pas: croyez-vous que le Fermier de votre oncle ne mérite pas bien des éloges, s'il eſt vrai, comme on le dit, que dans la joye d'avoir reçû les deux guinées de M. Lovelace, il fit appeller auſſi-tôt ſon Maître, auquel il paya de cette petite ſomme une partie de ſa dette? Mais que doit-on penſer du Maître, qui eut le courage de la prendre, quoiqu'il n'ignorât pas que ſon Fermier manquoit de tout, & qui ne fit pas difficulté de le dire auſſi-tôt que M. Lovelace fut parti, en ſe contentant de louer l'honnêteté du Fermier? Si ce récit étoit certain, & que le Maître n'appartint pas de ſi près à ma chere amie, quel mépris n'aurois-je pas pour un miſérable de cette eſpece? Mais on a peut-être groſſi les circonſtances. Tout le monde eſt mal diſpoſé pour les avares; & ils ne méritent pas d'autres ſentimens, parce qu'ils ne penfent qu'à la confervation de ce qu'ils préferent au bien de tout le monde.

J'attens votre premiere Lettre avec une vive impatience. Ne vous laffez pas du détail. Je ne fuis occupée que de vous & de ce qui a rapport à votre fituation.

ANNE HOWE.

LETTRE XVI.

*Mifs CLARISSE HARLOVE, à Mifs HOWE.**

Vendredi 3 do Mars.

O ma chere amie ! quel combat j'ai eu à foutenir ! Epreuve fur épreuve , conference fur conference. Mais connoiffez-vous des loix ou des cérémonies, qui puiffent donner quelque droit à un homme fur un cœur qui le détefte ?

J'efpere encore que ma mere obtiendra quelque chofe en ma faveur. Mais je vous dois la peinture de mes peines. J'y ai déja employé toute la nuit ; car j'ai tant de chofes à vous écrire ! Et je veux être auffi exacte que vous le défirez.

Dans ma derniere Lettre , je vous ai

* Clariffe n'avoit point encore reçû la lettre précédente.

prévenue sur mes craintes. Elles étoient fondées sur une converfation entre ma mere & ma tante, dont Hannah a trouvé le moyen d'entendre une partie. Il feroit inutile de vous en raconter les circonftances, parce qu'elles fe trouvent renfermées dans le compte que j'ai à vous rendre de differentes converfations que j'ai eues avec ma mere dans l'efpace de quelques heures.

Je fuis defcendue ce matin à l'heure du déjeûner ; le cœur affez oppreffé de tout ce qu'Hannah m'avoit rapporté hier après midi. J'efperois de trouver l'occafion d'en parler à ma mere, dans l'efperance de lui infpirer un peu de pitié pour moi ; & mon deffein étoit de la joindre lorfqu'elle pafferoit dans fon appartement. Malheureufement cet odieux Solmes étoit affis entre elle & ma fœur, avec un air d'affurance qui m'a choquée dans fes regards ; vous fçavez, ma chere, que rien ne plaît de la part d'une perfonne qu'on n'aime point.

S'il étoit demeuré à fa place, tout fe feroit paffé tranquillement ; mais cette épaiffe créature s'eft avifée de fe lever, & de venir droit vers une chaife qui étoit près de celle qu'on avançoit pour moi. Je me fuis hâtée de l'éloigner, comme
pour

pour faire place à la mienne, & je me
suis assise, peut-être un peu brusquement,
parce que tout ce que j'avois appris me
revenoit à la tête. Rien n'a paru capable
de l'arrêter. Cet homme est plein de confiance en lui même. Il est hardi, il a le
regard effronté. J'ai été surprise de lui
voir pousser sa chaise si près de moi,
en y établissant sa laide & pesante figure, qu'il touchoit à mon panier. Tout
ce que j'avois entendu se présentant, comme j'ai dit, à mon imagination, ce pro-
cedé m'a tellement piquée, que je me suis
allée placer sur une autre chaise. J'avoue
que je n'ai pas pris assez d'empire sur moi-
même. C'étoit donner trop d'avantage à
mon frere & à ma sœur. Aussi n'ont-ils
pas manqué de le prendre. Mais c'est une
faute qui n'a pas été volontaire, je n'ai
pû faire autrement; en vérité, je ne
sçavois ce que je faisois.

Je me suis apperçue que mon pere
étoit extrêmement irrité. Lorsqu'il est en
colere, il n'y a personne qui le fasse lire
plus aisément sur son visage. Clarisse!
m'a-t'il dit d'une voix forte, sans ajouter
un seul mot. Monsieur! ai-je répondu,
en lui faisant une profonde révérence. Je
tremblois. Mon premier mouvement a
été d'approcher ma chaise plus près de

celle du misérable, & je me suis assise. Je me sentois le visage tout en feu.

Faites le Thé, chere fille, m'a dit mon excellente mere ; asseiez-vous près de moi, mon amour, & faites le Thé.

Je suis allée prendre bien volontiers la chaise que cet homme avoit quittée ; & l'office auquel la bonté de ma mere m'employoit a bien-tôt servi à me remettre. Pendant le cours du déjeûner, j'ai fait civilement deux ou trois questions à M. Solmes, dans la seule vûe d'appaiser mon pere. Les esprits fiers peuvent quelquefois fléchir, m'a dit tout bas ma sœur, en tournant la tête sur l'épaule avec un air de triomphe & de mépris; mais j'ai feint de ne l'avoir pas entendue.

Ma mere étoit la bonté même. Je lui ai demandé une fois si le Thé lui plaisoit ; elle m'a répondu doucement, en me donnant encore le nom de sa chere fille, que tout ce que je faisois lui plaisoit beaucoup. Cet encouragement me rendoit fiere ; je me flattois même qu'il n'étoit plus question de rien entre mon pere & moi, car il m'a parlé aussi deux ou trois fois avec bonté. Je m'arrête à de petits incidens, ma chere, mais ils conduisent à de plus grands, comme vous allez l'entendre,

C. Eisen inv.
Delafosse Sc.

Avant la fin du déjeûner, mon pere est
sorti avec ma mere, en lui disant qu'il
avoit quelque chose à lui communiquer.
Ma sœur & ma tante, qui étoient avec
nous, sont disparues immédiatement.

Mon frere, après s'être donné quelques airs d'insultes que j'ai fort bien
compris, mais dont M. Solmes n'avoit
aucun avantage à tirer, m'a dit en quittant
aussi sa chaise ; ma sœur, j'ai une rareté à vous faire voir ; je vais la chercher :
& sortant, il a fermé la porte après
lui.

J'ai commencé à voir où tous ces préparatifs devoient aboutir ; je me suis levée. L'homme, cherchant à prononcer
quelques paroles, s'est levé aussi, & s'est
mis à remuer *ses jambes cagneuses* pour s'a-
vancer vers moi. En vérité, ma chere,
tout m'est odieux dans sa personne. Je
vais épargner à mon frere, lui ai je dit,
la peine de m'apporter sa rareté ; votre servante, Monsieur. Il a crié deux ou
trois fois, Mademoiselle, Mademoiselle,
& son air étoit celui d'un homme égaré.
Mais je suis sortie, pour chercher mon
frere, comme vous jugez, & pour voir ce
qu'il avoit à me montrer. A la vérité, je
l'avois vû passer dans le Jardin avec ma

sœur, quoique le tems fut assez mauvais ; preuve qu'il avoit laissé sa rareté avec moi , & qu'il n'en avoit pas d'autre à me faire voir.

A peine étois-je montée à mon propre appartement , où je méditois d'envoyer Hannah demander une audience à ma mere , avec d'autant plus de confiance, que sa bonté relevoit beaucoup mon courage ; que Chorey , sa femme de chambre , est venue m'apporter de sa part l'ordre de me rendre dans son Cabinet. Hannah m'a dit en même-tems que mon pere ne faisoit que d'en sortir , avec un visage irrité ; alors j'ai commencé à craindre l'audience , autant que je l'avois souhaitée.

Cependant je suis descendue ; mais ne me défiant que trop du sujet qui me faisoit appeller , je ne me suis approchée qu'en tremblant , & le cœur dans une palpitation visible.

Ma mere s'est apperçue de mon désordre ; elle a tenu les bras ouverts en s'asseiant. Venez, chere fille, venez m'embrasser , m'a-t'elle dit avec un tendre sourire. Pourquoi ma chere enfant paroît-elle si agitée ? Cette douce préparation , joint à la bonté qu'elle m'avoit marquée auparavant , a confirmé mes craintes ; ma mere vouloit adoucir l'amertume de ses déclarations.

O ma chere mere ! C'est tout ce que j'ai eu la force de lui dire, & j'ai jetté les bras autour de son cou, en cachant mon visage dans son sein.

Ma fille ! ma fille ! Retenez , m'at'elle dit, le charme que vous avez pour m'attendrir : autrement je n'ose m'exposer avec vous. Mes larmes ruisseloient sur son sein , & je me sentois le col mouillé des siennes. Quelle tendresse n'at'elle pas mis dans ses expressions ! Levez le visage , ma précieuse enfant , mon aimable Clarisse ! O chere fille , fille de mon cœur , levez ce visage qui aura toujours tant de charmes pour mes yeux. D'où viennent ces sanglots ? Un devoir redouté cause-t'il tant d'émotion , qu'avant que je puisse parler ..... Mais je suis bien aise, mon amour, que vous puissiez deviner ce que j'ai à vous dire : vous m'épargnez la peine de vous faire une ouverture dont je ne me suis pas chargée sans beaucoup de répugnance,

Ensuite s'étant levée, elle a tiré une chaise près de la sienne , & m'y a fait asseoir , abîmée comme j'étois dans mes larmes , & dans la crainte de ce que j'al-

lois entendre , autant que dans les fentimens de reconnoiſſance que je devois à
cette bonté maternelle ; mes ſoupirs
étoient mon ſeul langage. Elle a pouſſé
ſa chaiſe encore plus près de la mienne ;
elle a paſſé le bras autour de mon col,
& ſerrant mon viſage contre le ſien ;
laiſſez-moi parler , chere fille , puiſque
vous voulez garder le ſilence ; écoutez-
moi !

Vous ſçavez , ma fille , ce que j'ai la
patience d'endurer tous les jours pour le
bien de la paix. Votre pere eſt un homme
rempli de bonté , qui n'a que d'excellen-
tes intentions ; mais il ne veut pas être
contredit. J'ai crû vous voir quelquefois
de la compaſſion pour moi , lorſque
je ſuis obligée de lui ceder ſur tout.
Ce foible ne lui fait pas une meilleure
réputation , & la mienne en augmente : mais , ſi je pouvois l'empêcher, je ne voudrois pas d'un avantage qui nous coûte ſi cher à tous deux.
Vous êtes une fille reſpectueuſe, ſage ,
prudente , (elle a bien voulu m'attribuer toutes ces qualités, pour m'encourager ſans doute, à les acquerir) vous
ne voudriez pas , j'en ſuis ſûre , augmenter mes embarras ; vous ne voudriez pas
troubler de plein gré cette paix que votre

mere a tant de peine à conserver. L'o-
béissance vaut mieux que les sacrifices.
O chere Clary ! Répandez la joye dans
mon cœur, en me disant que mes craintes ont été trop loin. Je vois combien le
vôtre est touché ; je vois ses perplexités :
je vois qu'il s'y passe de rudes combats,
a-t'elle ajouté en retirant le bras & se levant, pour m'empêcher de voir combien
elle étoit touchée elle-même. Je veux
vous laisser un moment : ne me répondez pas (car j'essayois d'ouvrir la bouche, & je n'avois pas plûtôt été libre,
que je m'étois jettée à genoux, les bras
levés & les mains étendues.) Je ne suis
pas préparée à vos plaintes irrésistibles ;
c'est le mot qu'elle a bien voulu employer ; je vous donne le tems de vous
recueillir, & je vous recommande de ne
pas rendre inutile cette effusion d'une tendresse véritablement maternelle.

Elle est passée aussi-tôt dans une autre
chambre en essuyant ses larmes. J'étois
noyée dans les miennes, & les douloureux
mouvemens de mon cœur répondoient
à tout ce qu'elle m'avoit fait pressentir.

Elle est revenue, après avoir repris plus
de fermeté. J'étois encore à genoux, le
visage collé sur la chaise où elle avoit été
assise. Regardez-moi, chere Clarisse ; je

me flatte de ne pas vous trouver de l'humeur. Non, ma très-chere & très-honorée mere , non . . . . . Je me suis levée pour continuer , & j'ai plié un genou devant elle. Mais elle m'a relevée aussi-tôt , en m'interrompant : il n'est pas question de cette posture , il faut obéir ; c'est le cœur & non pas les genoux qu'il faut fléchir , l'affaire est absolument décidée ; préparez-vous par conséquent à recevoir la visite de votre Pere , comme il doit souhaitter qu'elle soit reçûe ; songez que d'un seul quart d'heure dépend le repos de ma vie, la satisfaction de toute une famille , & votre propre sûreté de la part d'un homme violent. Enfin , je vous ordonne , autant que vous respectez ma bénédiction, de penser à devenir Madame Solmes.

C'étoit m'enfoncer le poignard au fond du cœur ; je suis tombée sans connoissance, & lorsque je suis revenue à moi , je me suis trouvée dans les bras de nos femmes, mes lacets coupés , & mon linge infecté d'odeurs fortes. Ma mere s'étoit retirée. Il est certain que si j'avois été traitée avec moins de douceur , & si l'odieux nom avoit été épargné à mes oreilles, ou présenté du moins avec un peu plus de préparation & de réserve , j'aurois pû soutenir ce son horrible, avec moins d'émotion. Mais entendre de la bouche d'une mere si chere & si respectée, que je dois penser à devenir Madame Solmes, ou renoncer à sa bénédiction ; quel moyen d'y résister !

Chorey est venue avec un autre message, qu'elle m'a déclaré de l'air grave que vous lui connoissez ; votre maman, Miss, est fort inquiete de l'accident qui vous est arrivé : elle vous attend dans une heure , & elle m'ordonne de vous dire, qu'elle espere tout de votre soumission. Je n'ai fait aucune réponse ; qu'aurois-je pû dire ? Et m'appuyant sur le bras d'Hannáh , je suis remontée à mon appartement. Là, vous pouvez vous imaginer comment la plus grande partie de l'heure a été employée.

Dans l'intervalle , ma mere est montée chez moi. Je prends plaisir , a-t'elle eu la bonté de dire en entrant , à venir dans cet appartement. Point d'émotion , Clary, point d'inquiétude ; ne suis-je pas votre mere ? une mere tendre & indulgente. Ne m'affligez point en vous affligeant vous même : ne cherchez point à me causer du chagrin , lorsque je voudrois ne vous procurer que du plaisir. Venez, ma chere , voulez-vous passer dans votre cabinet de Livres ?

H v

Elle m'a prife par la main , & m'a fait
affeoir près d elle. Après s'être informée
de ma fanté , elle s'eft mife à me parler ,
comme dans la fuppofition que j'avois fait
ufage du tems qu'elle m'avoit laiffé pour
furmonter toutes mes objections. Elle
m'a dit que pour épargner ma modeftie
naturelle , mon pere & elle s'étoient char-
gés de tout ce qui regardoit les arrangemens. Ecoutez-moi , a-t'elle interrompu
lorfque j'allois ouvrir la bouche , & je
vous laifferai la liberté de parler ; vous
n'ignorez pas quel eft l'objet des vifites de
M. Solmes.

O ! Madame ! . . . . .

Ecoutez-moi , & vous parlerez ; il n'a
pas toutes les qualités que je lui fouhaiterois ; mais c'eft un homme de probité ,
qui n'a aucun vice. . . .

Aucun vice , Madame !

Ma fille , écoutez-moi. Vous ne vous
êtes pas mal conduite à fon égard. Nous
avons vû avec plaifir. . . .

O , Madame ! Ne m'eft-il pas permis à préfent de parler !

Clariffe , j'aurai fini dans un inftant. Une
jeune fille , auffi vertueufe que vous , ne
fçauroit aimer affurément un libertin. Vous
aimez trop votre Frere , pour fouhaiter
d'époufer un homme qui a manqué de lui

donner la mort, qui a menacé vos oncles, & qui défie toute la famille. Après vous avoir laissé cinq ou six fois la liberté de choisir, on est bien aise aujourd'hui de vous garantir d'un homme si méprisable. Répondez-moi, j'ai droit de vous faire cette question : préferez-vous cet homme à tous les autres ? Mais à Dieu ne plaise ! car vous nous rendriez tous misérables. Cependant dites-moi si vos affections lui font engagées.

J'ai compris quelles seroient les conséquences de ma réponse, si je disois qu'elles ne l'étoient pas.

Vous hésitez, vous ne me répondez pas, vous n'osez me répondre : & se levant ; non, je ne vous regarderai plus jamais d'un œil de faveur.

O Madame ! Madame ! Ne m'ôtez pas la vie par le changement de votre cœur. Je n'hésiterois pas un moment, si je ne redoutois ce qu'on ne manquera pas d'inferer de ma réponse. Mais quelque usage qu'on en puisse faire, la menace de vous déplaire me force de parler. Je vous proteste que je ne connois pas mon propre cœur, s'il n'est absolument libre. Hé ! De grace, ma très-chere mere, qu'il me soit permis de vous demander en quoi ma conduite a mérité quelque

reproche, lorfqu'on veut me forcer au
mariage, comme une créature fans jugement, pour me garantir.....helas!
de quoi? Je vous conjure, Madame, de
prendre ma réputation fous votre garde.
Ne fouffrez pas que votre fille foit préci-
pitée dans un état, qu'elle ne défire avec
aucun homme du monde; & cela, parce
qu'on fuppofe qu'autrement elle fe marie-
roit elle-même, au deshonneur de toute
la famille.

Eh bien Clary, (fans faire attention à
la force de ma demande) s'il eft vrai que
votre cœur foit libre. . . .

O ma chere mere! Ne confultez en ma
faveur que la générofité ordinaire du vôtre; n'infiftez pas fur une conclufion dont
la crainte m'a fait héfiter.

Je ne veux pas être interrompue, Clary. Vous avez vû, dans la conduite que
j'ai tenue à cette occafion, toute la tendreffe d'une mere; vous avez dû obferver
que je me fuis chargée avec quelque répugnance, de la commiffion que j'exécu-
te, parce que l'homme qu'on vous donne
n'a pas tout ce que je lui fouhaiterois, &
parce que je fçais que vous portez trop
haut vos idées de perfection dans un
homme.

Chere Madame ! Pardonnez-moi ,

cette fois feulement , de vous interrompre. Eft-il donc à craindre que je ne me
rende coupable de quelque imprudence
en faveur de l'homme dont vous parlez ?

Encore interrompue ? Eft ce à vous
de me faire des queftions & des raifon-
nemens ? Vous fçavez avec qui cette
hardieffe vous réuffiroit mal. Surquoi eft-
elle donc fondée avec moi , fille peu généreufe , fi ce n'eft fur l'opinion que vous
avez de mon exceffive indulgence ?

Helas ! Que puis-je dire ! Que puis-je
faire ! Quelle eft ma trifte caufe , fi l'on
m'interdit jufqu'au raifonnement !

Encore ? Clariffe.

Très-chere Madame ! Je vous demande pardon à genoux. J'ai toujours mis
mon plaifir & ma gloire à vous obéir.
Mais jettez les yeux fur cet homme-là ;
voyez combien toute fa perfonne eft défagréable.

Clary , Clary ! Je vois à préfent quel
eft celui dont la perfonne vous occupe
l'imagination. M. Solmes n'eft défagréable que par comparaifon avec un autre ;
défagréable , parce que la perfonne d'un
autre a plus d'agrément.

Mais , Madame , fes maniéres ne le
font-elles pas auffi ? Sa perfonne n'eft-
elle pas le vrai miroir de fon ame ? Cet

autre ne m'eſt, & ne me ſera jamais rien. Délivrez-moi ſeulement de celui-ci, auquel mon cœur répugne de lui-même.

Vous voulez donc impoſer des conditions à votre pere. Croyez-vous qu'il le ſouffre ? Ne vous ai-je pas dit qu'il y va de mon repos ? Que ne fais-je pas en votre faveur ? Cette commiſſion même, dont je ne me ſuis chargée que parce que j'ai craint que vous ne fuſſiez pas aiſément perſuadée par un autre, n'eſt-elle pas une rude commiſſion pour moi ? Et ne ferez-vous rien pour votre mere ! N'avez-vous pas refuſé tous ceux qui vous ont été offerts ? Si vous ne voulez pas nous faire deviner d'où vient votre réſiſtance, rendez-vous. Car il faut vous rendre, ou laiſſer croire que vous bravez toute votre famille.

Là-deſſus elle s'eſt levée, comme dans le deſſein de ſortir. Mais s'arrêtant à la porte de ma chambre, elle s'eſt tournée vers moi. Je me garderai bien de dire dans quelle diſpoſition je vous ai laiſſée. Faites vos réfléxions. C'eſt une affaire réſoluë. Si vous faites cas de la bénédiction de votre pere & de la mienne, & de la ſatisfaction de toute la famille, prenez le parti d'obéir.

Je vous laisse à vous - même pendant
quelques momens. Je reviendrai. Faites
que je vous trouve telle que je le désire ;
& si votre cœur est libre, qu'il soit gouverné par le devoir.

Une demie-heure après, ma mere est
revenuë. Elle m'a trouvée noyée dans mes
larmes. Elle m'a pris la main. Mon rôle,
m'à-t'elle dit, est toujours de reconnoître
mes torts. Je m'imagine que je me suis
exposée mal-à-propos à vos résistances,
par la méthode que j'ai employée. Je m'y
suis prise d'abord comme si je m'étois at-
tendue à un refus, & je me le suis attiré
par mon indulgence.

Ah ma chere mere ! Ne le dites & ne
le pensez pas.

Si c'étoit moi, a-t'elle continué, qui
eut donné occasion à ce débat ; s'il étoit
en mon pouvoir de vous dispenser de la
soumission qu'on demande, vous sçavez
trop ce que vous pourriez obtenir de
moi.

Qui penseroit à se marier, chere Miss
Howe, lorsqu'on voit une femme d'un
caractére aussi doux que celui de ma
mere, dans la nécessité de se perdre,
ou de renoncer à tout excercice de ses
volontés.

Lorsque je suis revenuë ici la seconde

fois, m'a-t'elle dit, j'ai refusé d'écouter vos raisons, parce que je sçavois que la résistance ne vous serviroit de rien. C'est encore une faute que j'ai commise. Une jeune créature qui aime à raisonner, & qui veut être convaincuë par le raisonnement, devoit être écoutée dans ses objections. Je suis donc résoluë, dans cette troisiéme visite d'entendre tout ce que vous avez à me dire. Ma bonté doit vous engager à quelque reconnoissance. Elle doit picquer votre générosité : je veux bien le dire, parce que c'est à vous que je parle ; à une fille, dont l'ame est ordinairement toute généreuse. Si votre cœur est réellement libre, voyons à quoi il vous portera pour m'obliger. Ainsi, pourvu que votre langue soit gouvernée par votre discrétion ordinaire, je vais vous écouter. Mais c'est après vous avoir déclaré néanmoins que tout ce que vous pourrez dire, sera inutile d'un autre côté.

Quelle affreuse déclaration ! Cependant, Madame, ce seroit une consolation pour moi de pouvoir obtenir du moins votre pitié.

Soyez sûre de ma pitié, autant que de ma tendresse. Mais qu'est-ce que l'agrément de la personne, Clary, pour une fille de votre prudence, & pour un cœur libre, si le vôtre l'est effectivement ?

Le dégoût des yeux n'est-il rien, lorsqu'il est question d'engager son cœur? O Madame, qui pourroit consentir à se marier, si le cœur doit être blessé à la premiere vûë, & si la playe doit augmenter ensuite à chaque occasion de se voir !

Comptez Clary, que c'est un effet de votre prévention. Ne me donnez pas sujet de regretter que la noble fermeté que je vantois dans votre caractére, & que je prenois pour une qualité glorieuse dans une fille de votre âge, soit changée ici en obstination contre votre devoir. N'avez-vous pas fait des objections contre plusieurs . . . .

C'étoit contre leurs principes, Madame; mais M. Solmes . . . .

Est un honnête homme, Clary, une bonne ame, un homme vertueux.

Lui un honnête homme ! une bonne ame ! un homme vertueux !

Personne ne lui refuse ces qualités.

Est-ce un honnête homme, qui par les offres qu'il fait à une famille étrangére, dépouille ses propres parens de leurs justes droits ?

Songez, Clary, que ces offres font

pour vous, & que vous devriez être la
derniere à faire cette obfervation.

Permettez-moi de dire, Madame,
que préférant, comme je fais, le bonheur aux richeffes, n'ayant pas même
befoin de ce que je poffede, en ayant
abandonné l'ufage par la fimple vûë du
devoir . . . .

Ne vantez point votre mérite. Vous
fçavez que dans cette foumiffion volontaire, il y a moins à perdre pour vous
qu'à gagner. Finiffons là-deffus. Mais
je puis vous affûrer que tout le monde
n'attache pas un fi grand mérite à cette
action; quoique pour moi j'en aye cette
idée, & que votre pere & vos oncles
l'ayent euë auffi dans le tems.

Dans le tems, Madame! Quels indignes offices m'ont donc rendu mon frere
& ma fœur, dans la crainte que la faveur où j'étois il n'y a pas long-tems...

Je ne veux rien entendre contre votre
frere & votre fœur. Quelles guerres domeftiques me faites-vous envifager, dans
un tems où j'efpérois toute ma confolation de mes enfans?

Je demande au Ciel fes bénédictions
pour mon frere & ma fœur, dans toutes
leurs entreprifes louables. Vous n'aurez
pas de guerres dans la famille, fi mes

efforts font capables de les prévenir.
Vous aurez la bonté, Madame, de me
dire vous-même ce qu'il faudra que je
fouffre d'eux, & je le fouffrirai. Mais,
de grace, que ce foient mes actions qui
plaident pour moi, & qu'elles ne foient
point expofées à leurs interprétations,
comme les ordres humilians que j'ai reçus ne m'aprennent que trop qu'elles
l'ont été.

Au moment que je finiffois, mon pere eft entré dans ma chambre, avec un
air de févérité, qui m'a fait trembler. Il
a fait deux ou trois tours, & s'eft adreffé enfuite à ma mere, qui étoit demeurée en filence à fa vûë : Ma chere, vous
vous arrêtez bien long-tems. Le dîner
eft prêt. Ce que vous avez à dire ne demande pas beaucoup d'explication. Il
fuffit affûrément de déclarer votre volonté & la mienne ; mais peut-être vous
entreteniez-vous des préparatifs. Il eft
tems de defcendre . . . . avec votre fille,
fi elle eft digne de ce nom.

Il eft defcendu, lui-même, en jettant
fur moi un regard fi terrible, que je me
fuis fentie incapable de lui dire une parole, & de parler même de quelques mi-
nutes à ma mere.

Cela n'eft-il pas bien effrayant, ma

chere ? Ma confternation a paru toucher ma mere. Elle m'a nommée fa chere fil-le. Elle m'a embraffée, en me difant que mon pere ne fçavoit pas que j'euffe continué mes oppofitions. Il vous a four-ni une excufe, a-t'elle ajouté, pour avoir tardé fi long-tems. Allons, Cla-ry, on va fervir. Defcendrons-nous en-femble ? Elle m'a prife par la main.

Son action m'a fait treffaillir. Defcen-dre, Madame ! Quoi ? Pour faire fup-pofer que nous nous fommes entretenues des préparatifs ? O ma chere mere, ne m'ordonnez pas de defcendre, fur une telle fuppofition.

Vous devez voir, ma fille, que nous arrêter plus long-tems enfemble, c'eft avouer que nous fommes en débât fur votre devoir. Le fouffrira-t'on ? Votre pere ne vous a-t'il pas dit lui-même qu'il veut être obéi ? J'aime mieux vous laiffer à vous-même pour la troifiéme fois. Je chercherai quelque moyen de vous excufer. Je dirai que vous ne fe-riez pas bien-aife de defcendre pour dî-ner ; que votre modeftie, dans une oc-cafion . . . .

O Madame ! Ne parlez pas de ma modeftie dans cette occafion ; ce feroit donner des efpérances . . . .

Est-il donc vrai que vous n'en vouliez donner aucune ? Fille perverfe ! Et fe levant pour fortir ; prenez plus de tems pour faire vos réfléxions. Puifque c'eft une néceffité, prenez plus de tems. Et lorfque je vous reverrai, apprenez-moi à quel reproche je dois m'attendre de la part de votre pere, pour l'excès de mon indulgence.

Cependant elle s'eft arrêtée un moment à la porte, comme pour attendre que je la fuppliaffe du moins de donner une explication favorable à mon abfence : car paroiffant héfiter ; je fuppofe, m'a-t'elle dit, que vous ne voudriez pas que mon rapport....

O Madame ! ai-je interrompu ; y a-t'il quelqu'un dont la faveur puiffe me toucher, fi je pers celle de ma mere !

Vous comprenez bien, ma chere amie, que défirer un rapport favorable, c'étoit paffer condamnation fur un point trop décidé dans mes réfolutions, pour laiffer croire à mes amis qu'il me refte la moindre incertitude. Ma mere a pris le parti de defcendre.

Je vais envoyer au dépôt tout ce que je viens d'écrire ; & fûre comme je fuis, que vous ne vous ennuirez pas du détail, dans des circonftances fi intereffantes

pour l'honneur de votre amie, je contï-
nuerai de fuivre la même méthode. Au
milieu de mes embarras, ie ne dois pas
fouhaiter de garder long-tems des Ecrits
dans lefquels je m'explique avec tant de
liberté. Si vous n'avez pas un befoin pref-
fant de Robert, vous me ferez plaifir de
me l'envoyer tous les jours, au rifque de
ne rien trouver de prêt.

Mais je ferois bien-aife qu'il ne vint
jamais les mains vuides. Quelle feroit
votre générofité de m'écrire auffi fouvent
par le mouvement de l'amitié, que j'y
fuis forcée par l'infortune ! Lorfque mes
Lettres ne fe trouveront plus au dépôt,
je ferai fûre qu'elles feront entre vos
mains. Comme je profiterai, pour vous
écrire, de divers momens que je ne
puis prévoir, trouvez bon que je fuppri-
mes toutes les formalités.

LETTRE XVII.

Mifs CLARISSE HARLOVE, à Mifs HOWE.

MA mere, à fon retour, qui a fuivi
immédiatement le dîner, a eu la
bonté de me dire qu'au milieu des queftions de mon pere fur ma foumiffion
volontaire (car il me femble que le dou-

te ne tombe que fur la maniére) elle a trouvé le moyen de lui infinuer, que dans un point fi effentiel elle auroit fouhaité de laiffer à une fille, qu'elle a tant de raifon d'aimer (ce font fes obligeantes expreffions) la liberté de déclarer tout ce qu'elle a dans le cœur, afin que fon obéiffance en foit plus libre. Elle lui a fait entendre auffi que lorfqu'il eft monté à ma chambre elle écoutoit mes raifons , & qu'elle croyoit avoir découvert que je prendrois plus volontiers le parti de renoncer au mariage.

Elle m'a dit que mon pere avoit répondu d'un ton irrité ; qu'elle fe garde bien de me donner fujet de foupçonner ici quelque préférence. Mais fi c'eft feulement pour foulager fon cœur, fans s'oppofer à mes volontés, vous pouvez l'écouter.

Ainfi, Clariffe, a repris ma mere, je fuis revenuë dans cette difpofition ; fi vous ne recommencez pas à m'apprendre par votre obftination comment je dois vous traiter.

En vérité, Madame, vous avez rendu juftice à mes fentimens, lorfque vous avez dit que je n'ai aucune inclination pour le mariage ; je me flatte de n'avoir pas été affez inutile dans la maifon de mon pere, pour vous faire souhaiter...

Laissons votre mérite à part, Clary; vous avez rempli le devoir d'une bonne fille. Vous m'avez soulagée dans mes soins domestiques; mais ne m'en causez pas à présent plus que vous ne m'en avez épargné. Vous avez trouvé une abondante récompense dans la réputation d'habileté & d'intelligence que cette conduite vous a procurée. Mais tous les secours qu'on à reçus de vous, touchent maintenant à leur fin. Si vous vous mariez, cette fin sera naturelle; & désirable même, si vous vous mariez pour faire plaisir à votre famille, parce que vous en aurez vous-même une, où vos talens pourront s'employer. Si les choses tournent autrement, il n'y aura pas moins une fin, mais qui ne sera pas naturelle. Vous m'entendez, ma fille,

Je me suis mise à pleurer.

J'ai déja fait chercher une femme de charge pour cette maison : votre bonne Norton me conviendroit beaucoup. Mais je suppose que vous avez jetté les yeux sur cette digne femme : si vous le désirez, on en conviendra dans les articles.

Mais pourquoi, très-chere Madame, pourquoi me précipiter dans l'état du mariage,

mariage, moi qui fuis la plus jeune, & qui fuis fort éloignée d'y avoir la moindre inclination.

Vous allez me demander, fans doute, pourquoi l'on n'a pas penfé à votre fœur pour M. Solmes.

J'efpere, Madame, que vous ne vous offenceriez pas de cette queftion.

Je pourrois vous renvoyer à votre pere, pour la réponfe. M. Solmes a fes raifons pour vous préférer.

Et j'ai les miennes auffi, Madame, pour ne le pouvoir fouffrir.

Cette vivacité à m'interrompre n'eft pas fupportable. Je fors, & je vais envoyer votre pere, fi je ne puis rien obtenir de vous.

Madame, je préférerois la mort . . .

Elle m'a mis la main fur la bouche. Clariffe, gardez-vous qu'il vous échappe rien de décifif. Si vous me perfuadez une fois que vous êtes infléxible, j'ai fini.

Mes larmes ont recommencé à couler de dépit. Voilà, voilà l'ouvrage de mon frere, l'effet de fes vûës intereffées . .

Point de réfléxions fur votre frere. Il n'a que l'honneur de la famille à cœur.

Je ne fuis pas plus capable que mon frere, de faire deshonneur à la famille.

J'en suis perfuadée. Mais vous conviendrez que votre pere & vos oncles en doivent juger mieux que vous.

Je lui ai offert alors de vivre perpétuellement dans le célibat, ou de ne me marier jamais qu'avec la pleine approbation de tous mes proches.

Si je voulois marquer du refpect & de l'obéiffance , c'étoit en prenant leur volonté pour régle , & non la mienne.

J'ai répondu , que je ne croyois pas avoir mérité par ma conduite , que mon obéiffance fut mife à des épreuves de cette nature.

Oui , m'a-t'elle dit avec bonté , il n'y avoit point de reproche à faire à ma conduite. Mais je n'avois jamais effuyé d'épreuve ; & puifque le tems en étoit venu , elle efperoit que ma vertu ne commenceroit point à s'affoiblir. Dans la jeuneffe de leurs enfans , les parens prennent plaifir à tout ce qu'ils leur voyent faire. Vous avez toujours paru d'un fort bon naturel. Mais jufqu'à préfent , nous avons plutôt eu de la complaifance pour vous , que vous n'en avez eu pour nous. L'âge nubile , où vous êtes arrivée , eft le tems de l'épreuve ; d'autant plus que vo-

tre grand-pere vous a mife dans une forte d'indépendance, en vous préférant à
ceux qui avoient des droits avant vous,
fur la Terre qu'il vous a laiffée.

Madame! mon grand-pere fçavoit,
comme il l'a marqué expreffément dans
fes dernieres difpofitions, que mon pere pouvoit dédommager abondamment
ma fœur. Il a même témoigné qu'il le
défiroit. Je n'ai rien fait au-delà de mon
devoir, pour me procurer des faveurs ex-
traordinaires, & fes libéralités font plutôt une marque de fon affection qu'un
avantage pour moi; car ai-je jamais
cherché ou défiré l'indépendance? Quand
je ferois Reine de l'Univers, toute ma
grandeur ne me difpenferoit pas du refpect que je dois à mon pere & à vous.
Aux yeux du monde entier, je ferois
ma gloire de recevoir à genoux vos bé-
dictions, & loin . . . .

Je me fais une peine de vous interrompre, Clary, quoique cette attention
vous manque fouvent pour moi. Vous
êtes jeune, Clary; vous n'avez jamais été
contrariée. Mais, avec toutes ces oftentations de refpect, je voudrois un peu
plus de déférence pour votre mere lorfqu'elle vous parle.

Pardon, Madame; & de grace un peu

de patience, dans une occafion fi extraordinaire. S'il y avoit moins de chaleur dans mes difcours, on fuppoferoit
que je n'ai que des objections de jeune
fille, contre un homme qui me fera toujours infupportable.

Prenez-garde, Clary . . .

Chere, chere Madame, permettez
que je m'explique ; cette fois feulement.
Il eft dur, extrêmement dur, de n'avoir
pas la liberté d'entrer dans la caufe commune, parce que je ne dois pas parler fans
ménagement d'une perfonne qui me regarde comme un obftacle à fon ambition, & qui me traite en Efclave.

Où vous égarez vous, Clary ?

Ma très-chere mere, le devoir ne me
permet pas de fuppofer mon pere affez
arbitraire, pour m'autorifer jamais à faire valoir cette raifon auprès de vous.

Quoi donc ? Clary . . . O petite fille !

Un peu de patience, ma très - chere
mere ; vous avez promis de m'entendre avec patience. La figure n'eft rien
dans un homme, parce qu'on me fuppofe de la raifon. Ainfi je ferai dégoûtée par les yeux, & je ne ferai pas
convaincue par la raifon.

Petite fille !

Ainfi les bonnes qualités qu'on m'attribue feront ma punition, & je deviendrai la femme d'un Monftre . . .

Vous m'étonnez, Clary! Eft-ce vous qui tenez ce langage?

Cet homme, Madame, eft un Monftre à mes yeux, ame & figure. Et pour motif de fouffrir ce traitement, on m'allégue que je fuis indifférente pour tous les autres hommes! Dans d'autres tems néanmoins, & dans d'autres vûës, on m'a cru de la prévention en faveur d'un homme, contre les mœurs duquel il y a de juftes objections. Je me trouve confinée, comme fi l'on appréhendoit de la plus imprudente de toutes les créatures, qu'elle ne prît la fuite avec cet homme, & qu'elle ne couvrît fa famille de honte. O ma très-chere mere! quelle patience feroit à l'épreuve d'un tel traitement.

A préfent, Clary, je fuppofe que vous m'accorderez la liberté de parler. Il me femble que je vous ai entenduë avec affez de patience. Si j'avois pû croire . . . . . . mais je vais tout réduire fous un point de vûë fort court. Votre mere, Clariffe, vous donne un exemple de cette patience que vous lui demandez fi hardiment, fans en avoir beaucoup pour elle.

O ma chere, que cette condefcendance de ma mere, m'a pénétrée dans ce moment! plus mille fois que je ne l'aurois été de fa rigueur. Mais elle faifoit fans doute attention qu'elle s'étoit chargée d'un office bien dur : d'un office, j'ofe le dire, dont fa propre raifon étoit bleffée; fans quoi elle n'auroit pas voulu, elle n'auroit jamais pu pouffer fi loin la patience.

Je dois donc vous dire, a-t'elle continué, en auffi peu de mots que votre pere le croit néceffaire, à quoi fe réduit toute la queftion. Vous avez été jufqu'à préfent, comme vous fçavez fort bien le faire valoir, une fille très-refpectueufe. Mais quelle raifon auriez-vous eue de ne pas l'être? Jamais enfant n'a été traité avec plus de faveur. Aujourd'hui vous avez le choix, ou de décrediter toutes vos actions paffées; ou, lorfqu'on vous demande la plus grande preuve de ce refpect (ayant le cœur libre, comme vous l'avez déclaré) de donner cette preuve, qui couronnera tout; ou par des vûës d'indépendance (car on n'en portera pas d'autre jugement, Clary, quel que foit votre motif) fondées fur un droit, que tout homme que vous favoriferez peut reclamer pour vous, ou plutôt pour lui-même,

de rompre avec toute votre famille, &
de braver un pere jaloux de son autorité; assez inutilement jaloux, je le dis
en passant, de celle de son séxe par
rapport à moi; mais infiniment plus jaloux encore de l'autorité de pere. Voilà
le point, ma fille. Vous sçavez que votre pere s'en est fait un point. En a-t'il
jamais abandonné un, lorsqu'il s'est proposé de l'emporter?

Hélas! il n'est que trop vrai, ai-je dit
en moi-même: à présent que mon frere
à sçû engager mon pere dans son beau
systême, il n'a plus besoin de s'embar-
rasser du succès. Ce n'est plus à ses avides prétentions, c'est à la volonté de
mon pere que je m'oppose.

Je suis demeurée sans répondre. Je ne
vous cacherai pas que mon silence est venu
alors d'obstination. Je me sentois le cœur
trop plein. Je trouvois qu'il y avoit de la
dureté dans ma mere à m'abandonner comme elle le déclaroit, & à faire sa volonté de l'humeur impérieuse de mon frere.

Mais ce silence a tourné encore moins
à mon avantage. Je vois, m'a dit ma
mere, que vous êtes convaincue. Ma chere fille, ma chere Clary, c'est à présent
que je vous aime du fond du cœur. On
ne sçaura jamais que vous m'ayez rien

contesté. Tout retombera sur cette modestie, qui a toujours donné tant de lus-
tre à votre caractére. Vous aurez tout le
mérite de votre résignation.

J'ai cherché ma ressource dans les larmes.

Elle a pris la peine de les essuyer. Elle
m'a baisé tendrement les joües. Votre
pere vous attend & compte de vous voir
une contenance plus gaye. Mais ne des-
cendez point ; je lui ferai vos excuses.
Tous vos scrupules, comme vous voyez,
ont trouvé en moi une indulgence maternelle. Je me réjouis de vous voir convaincuë. C'est véritablement une preuve
que votre cœur est libre, comme vous
m'en assuriez.

Tous ces discours, ma chere, ne tou-
chent-ils pas à la cruauté, dans une mere néanmoins si indulgente ! Je regarde-
rois comme un crime, de supposer ma
mere capable d'artifice. Mais elle reçoit
le mouvement d'autrui. Elle est obligée
d'employer des méthodes pour lesquel-
les son cœur a naturellement de l'aversion ; & cela dans la vûe de m'épargner
d'autres peines, parce qu'elle voit que
tous les raisonnemens ne seront point
écoutés.

Je vais descendre, a t'elle repris, &

chercher quelque moyen d'excufer votre retardement, comme j'ai fait avant le dîner ; car je juge qu'il vous reftera quelques petites répugnances à furmonter. Je vous les paffe, auffi - bien qu'un peu de froideur. Vous ne defcendrez point fi vous ne voulez pas defcendre. Seulement, ma chere, ne faites pas deshonneur à mon recit lorfque vous paroîtrez au fouper ; & furtout prenez vos maniéres ordinaires pour votre frere & votre fœur, car la conduite que vous tiendrez avec eux rendra témoignage à votre foumiffion. C'eft un confeil d'amie, comme vous voyez, plutôt qu'un ordre de mere. Adieu donc mon amour. Et paroiffant prête à fortir, elle m'a donné encore un baifer.

O ma chere mere ! me fuis-je écriée, ne m'accablez pas de votre haine ; mais vous ne fçauriez croire que je puiffe jamais penfer à cet homme-là.

Elle a pris un vifage irrité, comme fi mon exclamation eut été fort contraire à fon attente. Elle m'a menacée de m'envoyer à mon pere & à mes oncles. Elle m'a fait remarquer, je puis dire avec bonté, que fi je fuppofois à mon frere & à ma fœur, des vûes qui les portaffent à me mettre mal dans l'efprit de

mes oncles, je prenois le chemin de les
feconder. Elle m'a dit qu'elle n'avoit pas
attendu fi long-tems à repréfenter tout
ce qui pouvoit être oppofé aux difpofitions préfentes, parce qu'elle avoit
prévû qu'ayant refufé plufieurs partis,
qu'elle trouvoit préférables elle – même
du côté de la perfonne, j'aurois peu de
penchant pour M. Solmes; que fi fes
objections avoient pû prévaloir, je n'en
aurois jamais entendu parler : quelle apparence donc que je puffe obtenir ce
qui lui avoit été refufé ? Que c'étoit
également mon bien (puifqu'il dépen-
doit de me conferver l'affection de tout
le monde) & fon propre repos, qu'elle fe
propofoit d'affûrer dans la commiffion
qu'elle avoit acceptée : que mon pere
jetteroit feux & flammes en apprenant
mon refus : que mes deux oncles étoient
fi convaincus de la fageffe de leurs mefures, pour leur projet favori d'aggrandir la famille, qu'ils ne paroiffoient pas
moins déterminés que mon pere; que
mon oncle & ma tante Hervey étoient
du même fentiment; qu'au fond il feroit
bien étrange qu'un pere, une mere, des
oncles, une tante, réunis dans la même
volonté, n'euffent pas le pouvoir de di-
riger mon choix ; qu'apparemment le

grand motif de mon averſion étoit l'avantage même qui devoit revenir à la famille : qu'elle pouvoit m'aſſûrer que perſonne n'expliqueroit autrement mon refus ; que toute l'inclination que je pouvois témoigner pour le célibat, tandis qu'un homme ſi odieux à tout le monde demeureroit à marier, & *tourneroit autour de moi* (c'eſt ſon expreſſion) ne pouvoit être d'aucun poids ſur perſonne : que M. Lovelace fût-il un Ange, je devois comprendre que mon pere, ayant réſolu que je ne l'aurai point, ne ſouffrira jamais que ſa volonté ſoit diſputée, ſurtout dans l'opinion où l'on étoit que j'entretenois des correſpondances avec lui ; enfin que c'étoit cette perſuaſion, joint à celle que Miſs Howe favoriſoit notre commerce, qui m'avoit attiré des défenſes dont elle vouloit bien m'avouer qu'elle avoit quelque regret.

J'ai répondu à chaque article, avec une force à laquelle je ſuis ſûre qu'elle ſe feroit rendue, ſi elle avoit eu la liberté de ſuivre ſon propre jugement. Enſuite je me ſuis emportée amérement contre les Loix humiliantes qu'on m'a impoſées.

Ces défenſes, m'a-t'elle dit, devoient me faire juger combien la réſolution de mon pere étoit férieufe. Il dépen-doit de moi de les faire lever, & le mal n'étoit pas encore fans reméde. Mais fi mon obftination ne finiffoit pas, je ne devois me prendre qu'à moi-même de tout ce qui pouvoit arriver.

J'ai foupiré, j'ai pleuré, j'ai gardé le filence.

Irai-je affûrer votre pere, Clary, que ces défenfes font auffi peu néceffaires que je l'ai cru ; que vous connoiffez votre devoir, & que vous ne vous oppoferez point à fes volontés ? Qu'en dites-vous, mon amour ?

O Madame, que puis-je répondre à des queftions qui me font adorer votre indulgence ! Il eft bien vrai, Madame, que je connois mon devoir. Perfonne au monde n'a plus d'inclination à le rem-plir. Mais permettez-moi de dire que je dois demeurer foumife à ces cruelles dé-fenfes, fi elle ne peuvent être levées qu'à ce prix.

Ma mere m'a donné les noms d'opi-niâtre & de perverfe. Elle a fait deux ou trois tours dans la chambre, d'un air irrité ; & fe tournant vers moi : votre cœur libre ! Clariffe. Comment pouvez-vous prétendre que vous ayez le cœur libre ? Des antipathies fi extraoidinaires pour une perfonne, doivent venir d'une prévention extraordinaire pour une autre. Répondez-moi, & ne déguifez pas la vérité : continuez-vous d'entretenir quelque correfpondance avec M. Lovelace ?

Très-chere Madame, lui ai-je dit, vous connoiffez mes motifs. Pour prévenir de nouveaux malheurs, j'ai répondu à fes Lettres. Le tems des craintes n'eft point encore paffé.

J'avoue, Clary, quoique je ne fuffe pas bien-aife à préfent qu'on le fçût, que dans un autre tems, j'ai cru qu'un peu d'adouciffement étoit convenable entre des efprits de cette violence. Je ne défefpérois pas encore d'une forte d'accommodement, par la médiation de Mylord M..... & de fes deux fœurs. Mais comme ils jugent à propos tous trois d'entrer dans les reffentimens de leur neveu ; que leur neveu prend le parti de nous braver tous ; & qu'on nous offre d'un autre côté des conditions que nous n'aurions pas ofé demander, qui empêcheront probablement que le bien de votre grand pere ne forte de la famille, & qui peuvent y en faire entrer encore un plus confidérable ; je ne vois pas que la continuation de votre correfpondance puiffe ou doive être permife : ainfi je vous la défens , autant que vous faites cas de mes bonnes graces.

De grace , Madame , apprenez - moi feulement comment je puis la rompre , avec fûreté pour mon frere & mes oncles. C'eft tout ce que je fouhaite au monde. Plût au Ciel que l'homme , pour lequel on a tant de haine , n'eut pas à faire valoir pour prétexte , qu'il a été traité avec trop de violence , dans le tems qu'il ne demandoit que la paix & la réconciliation ! J'aurois toujours été libre de rompre tout-à-fait avec lui. Les mauvaifes mœurs qu'on lui attribue m'en auroient fourni à tout moment l'occafion. Mais depuis que mes oncles & mon frere ne gardent plus de mefures ; depuis qu'il eft informé des vûes préfentes , & que fi je ne fuis pas trompée , il n'y a plus que fa confidération pour moi qui l'empêche de fe reffentir du traitement qu'il reçoit, lui & fa famille ; que puis-je faire ? Voudriez-vous , Madame , le pouffer à quelque réfolution défefpérée ?

Nous aurons la protection des Loix , ma fille ! La Magiftrature offenfée fera valoir fes propres droits.

Mais , Madame , ne peut-il pas arriver auparavant quelque affreux défaftre ?

Les Loix ne font pas valoir leurs droits s'ils n'ont été violés.

Vous avez fait des offres, Clary, fi l'on vouloit fe relâcher. Etes - vous réfolue, de bonne - foi , de rompre à cette condition toute correfpondance avec M. Lovelace ? Expliquez-vous là-deffus.

Oui, Madame, j'y fuis réfolue & j'exécuterai cette réfolution. Je ferai plus : je vous remettrai toutes les Lettres qui ont été écrites de part & d'autre. Vous verrez que je ne lui ai pas donné d'encouragement , qui ne foit conforme à mon devoir ; & lorfque vous les aurez lûes, il vous fera plus facile de me prefcrire , à cette condition , le moyen de rompre entierement avec lui.

Je vous prens au mot , Clariffe. Donnez-moi fes Lettres & les copies des vôtres.

Je compte , Madame , que vous fçaurez feule que j'écris , & ce que j'écris.

Point de conditions avec votre mere. Affûrément on peut fe fier à ma prudence.

Après lui avoir demandé pardon , je l'ai priée de prendre elle - même la clef d'un tiroir particulier de mon fecrétai-

re, où toutes ces Lettres étoient raſſem-
blées, pour s'aſſurer encore plus que je n'a-
vois rien de réſervé pour ma mere. Elle
y a conſenti. Elle a pris les Lettres &
les copies des miennes ; avec la complaiſance de me dire, que puiſque je les lui
abandonnois ſans condition, elle pro-
mettoit de me les rendre & de ne les
communiquer à perſonne. Elle eſt ſortie
pour les lire, dans le deſſein de revenir
après cette lecture.

Vous avez lû vous-même, ma chere,
toutes ces Lettres & toutes mes réponſes, juſqu'à mon retour de chez vous.
Vous êtes convenue qu'elles ne contiennent rien dont il puiſſe ſe vanter. J'en
ai reçu trois autres depuis, par la voie
particuliére dont je vous ai informée ;
& je n'ai pas encore répondu à la derniére.

Dans ces trois nouvelles Lettres, comme dans celles que je vous ai montrées ;
après avoir exprimé, dans les termes les
plus ardens, une paſſion qu'il prétend
ſincére, & fait une peinture fort vive des
indignités qu'il a eſſuyées, des bravades
que mon frere fait contre lui dans toutes
les aſſemblées, des menaces & de l'air
d'hoſtilité de mes oncles dans tous les
lieux où ils paroiſſent, enfin des métho-

des qu’ils employent pour le diffamer :
» il déclare que fon honneur & celui
» de fa famille, qui fe trouve mêlé
» dans les réfléxions qu’on fait fur lui à
» l’occafion d’une malheureufe affaire
» qu’il n’a pas dépendu de lui d’éviter,
» ne lui permettent pas de fouffrir des
» indignités qui augmentent de jour en
» jour ; que mes inclinations, fi elles ne
» lui font pas favorables,ne pouvant être
» & n’étant point pour un homme tel
» que Solmes, il en eft plus intereffé à fe
» reffentir de la conduite de mon frere,
» qui déclare à tout le monde fa haine
» & fa malice, & qui fait gloire de
» l’intention qu’il a de le mortifier en
» foutenant la recherche de ce Solmes ;
» qu’il lui eft impoffible de ne pas croi-
» re fon honneur engagé à rompre des
» mefures qui n’ont pas d’autre objet
» que lui, quand il n’y feroit pas por-
» té par un motif encore plus puiffant ;
» & que je dois lui pardonner s’il entre
» là-deffus en conférence avec Solmes.
» Il infifte avec force fur la propofition
» qu’il a renouvellée fi fouvent, que je
» lui permette de rendre, avec My-
» lord M . . . . une vifite à mes oncles,
» & même à mon pere & à ma mere;
» promettant de s’armer de patience,

» s'il ne reçoit pas quelque nouvel ou-
» trage, que l'honneur ne lui permet-
» te pas abfolument de fupporter : « ce
que je fuis bien éloignée, pour le dire
en paffant, de pouvoir lui garantir.

Dans ma réponfe, je lui déclare abfolument, comme je lui rappelle que je l'ai
fait plufieurs fois, » qu'il ne doit attendre
» aucune faveur de moi fans l'approba-
» tion de mes amis ; que je fuis fûre qu'il
» n'obtiendra jamais, d'aucun d'eux, leur
» confentement pour une vifite ; qu'il n'y
» a point d'homme au monde pour lequel
» je fois capable de féparer mes interêts
» de ceux de ma famille ; que je ne crois
» pas lui être fort obligée de la modéra-
» tion que je demande entre des efprits
» trop faciles à s'irriter ; que c'eft ne lui
» demander rien à quoi la prudence, la
» juftice & les loix ne l'obligent : que s'il
» fonde là-deffus quelque efperance qui
» me regarde, il fe trompe lui-même ;
» que mon inclination, comme je l'en
» ai fouvent affuré, ne me porte point
» à changer d'état ; que je ne puis me
» permettre plus long-tems cette corref-
» pondance clandeftine avec lui : c'eft
» une voye baffe, lui dis-je, contraire au
» devoir, & qui porte un caractere de
» légereté inexcufable : qu'il ne doit pas

» s'attendre par conséquent que je sois
» disposée à la continuer.

A cette Lettre , il répond dans sa derniere : » Que si je suis déterminée à rom-
» pre toute correspondance avec lui , il
» en doit conclure que c'est dans la vûe
» de devenir la femme d'un homme ,
» qu'aucune femme bien née ne regarde-
» ra jamais comme un parti supportable ;
» & que dans cette supposition je dois
» lui pardonner , s'il déclare qu'il ne sera
» jamais capable de consentir à la perte
» absolue d'une personne dans laquelle il
» a mis toutes ses esperances de bon-
» heur , ni de soutenir avec patience l'in-
» solent triomphe de mon frere ; mais
» qu'il ne pensé point à menacer la vie
» de personne , ou sa propre vie : qu'il
» remet à prendre ses résolutions lors-
» qu'il y sera forcé par un si terrible évé-
» nement ; que s'il apprend qu'on dispo-
» se de moi avec mon consentement , il
» s'efforcera sans doute de se soumettre
» à sa destinée ; mais que si la violence
» y est employée , il ne sera pas capable
» de répondre des suites.

Mon dessein est de vous envoyer ces
Lettres dans quelques jours. Je les met-
trois aujourd'hui sous mon enveloppe ;
mais il peut arriver qu'après me les avoir

renduës, ma mere souhaite de les lire
encore une fois. Vous verrez, ma chere, comment il s'efforce de m'engager
à la continuation de cette correspondance.

Ma mere est revenuë, après une heure d'absence. Prenez vos Lettres, Clary. Je n'ai rien à vous reprocher, du côté
de la discrétion dans les termes. J'y
trouve même une sorte de dignité, &
rien qui ne soit dans l'exacte bienséan-
ce. Et vous vous étes ressentie, comme
vous le deviez, de ses invectives & de
ses menaces Mais après une haine si
déclarée d'une part, & des bravades si
peu ménagées de l'autre, pouvez-vous
penser que ce parti vous convienne ?..
Pouvez-vous penser qu'il soit à propos
d'encourager les vûes d'un homme qui
s'est battu en duel avec votre frere, quelles que soient sa fortune & ses protesta-
tions ?

Non, Madame ; & vous aurez la bon-
té d'observer que je le lui ai dit à lui-même. Mais à présent, Madame, toute la
correspondance est devant vos yeux, &
je vous demande vos ordres sur la conduite que je dois tenir dans une situation si désagréable.

Je vous ferai un aveu, Clary ; mais je vous recommande, autant que vous feriez fâchée que je doutâsse de la generosité de votre cœur, de n'en prendre aucun avantage. Je suis si satisfaite de la maniere libre & ouverte avec laquelle vous m'avez offert vos clés, & de la prudence que j'ai remarquée dans vos lettres, que si je pouvois faire entrer tout le monde, ou votre Pere seulement, dans mon opinion, j'abandonnerois volontiers tout le reste à votre discretion, en me reservant à l'avenir la direction de vos lettres & le soin de vous faire rompre cette correspondance aussi-tôt qu'il sera possible. Mais comme il ne faut rien esperer de ce côté-là, & que votre pere ne seroit pas traitable s'il venoit à découvrir que vous avez quelque relation avec M. Lovelace, ou que vous en avez eu depuis qu'il vous l'a défendu, je vous défens aussi de continuer cette liberté. Cependant il faut convenir que le cas est difficile. Je vous demande ce que vous en pensez vous-même. Votre cœur est libre, dites-vous. De votre propre aveu, les circonstances ne permettent pas de regarder comme un parti convenable, un homme pour lequel nous avons tous tant d'aversion.

Qu'avez-vous donc à propofer, Clary ?
Voyons, quelies font là-deffus vos idées?
J'ai compris que c'étoit une nouvelle
épreuve , & j'ai répondu fans héfiter :
>> Voici , Madame , ce que je propofe
>> humblement ; que vous me permettiez
>> d'écrire à M. Lovelace (car je n'ai pas
>> fait de réponfe à fa derniere lettre)
>> qu'il n'a rien à voir entre mon Pere &
>> moi ; que je ne lui demande point de
>> confeil , & que je n'en ai pas befoin ;
>> mais que puifqu'il s'attribue quelque
>> droit de fe mêler de mes affaires ,
>> fondé fur l'intention avouée de mon
>> frere , dans fes vûes pour M. Solmes ;
>> je veux bien l'affurer , fans lui donner
>> aucune raifon d'expliquer cette affu-
>> rance en fa faveur , que je ne ferai ja-
>> mais à cet homme-là. S'il m'eft per-
>> mis de lui écrire dans ces termes , &
>> qu'en conféquence les prétentions de
>> M. Solmes ceffent d'être encouragées;
>> que M. Lovelace foit fatisfait ou non ,
>> je n'irai pas plus loin : je ne lui écrirai
>> jamais une ligne de plus , & je ne le
>> verrai jamais , fi je puis éviter de le
>> voir : les excufes ne me manqueront
>> pas , fans être obligée de les tirer de
>> ma famille.

Hà ! mon amour. Mais que deviendront les offres de M. Solmes ? Tout le monde en eſt charmé. Il fait même eſperer à votre frere des échanges de Terre; ou du moins , qu'il nous facilitera de nouvelles acquiſitions au Nord. Car vous ſçavez que les vûes de la famille demandent l'augmentation de notre credit dans ce canton. Votre frere , en un mot , a formé un plan qui éblouit tout le monde. Une famille ſi riche dans toutes ſes bran-ches , & qui tourne ſes vûes à l'honneur , doit voir avec bien du plaiſir le chemin ouvert pour figurer un jour avec les prin-cipales du Royaume.

Et pour aſſurer le ſuccès de ces vûes , pour faire réuſſir le plan de mon frere , je dois être ſacrifiée , Madame , à un homme que je ne puis ſupporter ! O ma chere mere ! ſauvez-moi , ſauvez-moi ſi vous le pouvez , du plus grand de tous les maux ! J'aimerois mieux être enter-rée toute vive , oui je l'aimerois mieux ! que d'être jamais la femme de cet hom-me - là.

Elle m'a grondée de mon emporte-ment ; mais elle m'a dit avec une bonté extrême qu'elle hazarderoit d'en par-ler à mon oncle Harlove ; que s'il pro-mettoit de la ſeconder , elle en parleroit à mon pere , & que j'aurois de ſes nou-

velles demain au matin. Elle est descendue pour le thé, après m'avoir promis
d'excuser ce soir mon absence à l'heure
du souper; & j'ai pris aussi-tôt la plume,
pour vous faire ce détail

Mais n'est il pas cruel pour moi, je le
répéte, d'être obligée de résister à la
volonté d'une si bonne mere? Pourquoi,
me suis-je dit bien des fois à moi-même,
pourquoi est - il question d'un homme
tel que ce Solmes? Le seul au monde,
assûrément, qui pût tant offrir & mériter si peu.

Hélas! son mérite. Ne faut - il pas,
ma chere, qu'il ait le plus vil de tous les
caractéres? Tout le monde lui reproche
une sordide avarice. L'insensé! d'avoir
l'ame si basse. Tandis que la différence de réputation, entre un homme généreux & un misérable, ne coûte pas
dans une année cent pistoles bien employé's.

Combien ne vous êtes - vous pas fait
d'honneur à moindre prix? Et quelle
facilité n'a - t'il pas eu d'acquérir de la
réputation à bon marché, lui qui a suc-
cédé aux biens immenses d'un aussi méprisable personnage que Sir Olivier? Cependant il a pris une conduite, qui lui
fait appliquer l'expression commune; que

Sir

Sir Olivier ne sera jamais mort, tandis que Mr. Solmes sera vivant. En général, le monde, avec toute la malignité qu'on lui attribue, est plus juste qu'on ne le suppose dans l'établissement des caracteres ; & ceux qui se plaignent le plus de sa censure trouveroient peut-être l'injustice de leur côté, s'ils jettoient plus souvent les yeux sur eux-mêmes.

Mon cœur se sent un peu soulagé, depuis l'espérance que j'ai dans les bons offices de ma mere, & je me livre à mon gout pour la morale. Mais c'est aussi le votre, & vous m'avez recommandé de ne jamais rejetter ces reflexions lorsqu'elles se présentent à ma plume. Quand je serois moins tranquille, il me semble que lorsqu'on est assise pour écrire, ce seroit marquer trop d'amour pour soi-même & se borner trop à ses propres interêts, que de ne pas faire attention aux désirs d'une amie.

LETTRE XVIII.

Miss CLARISSE HARLOVE, à Miss HOWE.

Samedi 4. de Mars.

N'Auriez-vous pas crû qu'on pouvoit obtenir quelque chose en ma faveur, d'une offre si raisonnable, d'un expédient si propre, suivant mes idées, à finir honnêtement & comme de moi même, une correspondance, dont je ne vois pas autrement le moyen de me délivrer avec sûreté pour quelques personnes de ma famille ? Mais le plan de mon frere, & l'impatience de mon pere à la moindre contradiction, sont des obstacles invincibles.

Je ne me suis pas mise au lit, de toute la nuit ; & je ne sens encore aucun besoin de dormir. L'attente, l'espérance, le doute, m'ont tenue assez en garde contre le sommeil. Quel état ! Je suis descendue à mon heure ordinaire, afin qu'on ne s'apperçut point que je ne m'étois pas mise au lit, & j'ai donné mes soins au détail domestique.

Vers huit heures, Chorey est venu

m'apporter de la part de ma mere, l'ordre de me rendre à sa chambre.

Ma mere avoit pleuré; je l'ai remarqué à ses yeux. Mais ses regards sembloient moins tendres & moins affectionnés qu'hier; & cette observation m'ayant d'abord causé de l'effroi, j'ai senti tout d'un coup mes esprits fort abbatus.

Asseyez-vous, Clary; nous nous entretiendrons bientôt. Elle étoit à chercher dans un tiroir, parmi des dentelles & du linge, sans avoir l'air d'être occupée ni de ne l'être pas. Mais un moment après, elle m'a demandé froidement quels ordres j'avois donnés pour ce jour-là. Je lui ai présenté le menu du jour & du lendemain, en la priant de voir si elle l'approuvoit. Elle y a fait quelques changemens, mais d'un air si froid & si composé, que j'en ai senti croître mon embarras. M. Harlove parle de dîner aujourd'hui dehors; c'est, je crois, chez mon frere *Antonin*. M Harlove! On ne dit pas votre pere! N'ai-je donc plus de pere? ai-je pensé en moi-même.

Asseyez vous, quand je vous l'ordonne. Je me suis assise. Vous avez l'air bien taciturne, Clary.

Ce n'est pas mon intention, Madame.

Si les enfans étoient toujours ce qu'ils doivent être, les peres & meres . . . . . Elle n'a point achevé.

Elle s'eft approchée de fa toilette, & fe regardant dans le miroir, elle a pouffé un demi foupir; l'autre moitié, elle l'a filée doucement, comme fi la premiere lui étoit échappée malgré elle.

Je n'aime point cet air fombre fur le vifage d'une jeune fille.

Je vous affûre, Madame, que ce n'eft pas mon deffein. Je me fuis levée; & me tournant tout-à-fait, j'ai tiré mon mouchoir, pour effuyer les larmes que je fentois couler fur mes joues. Une glace, qui fe trouvoit devant mes yeux, m'a fait reconnoître ma mere, dans un coup d'œil adouci qu'elle a jetté fur moi. Mais fes difcours n'ont pas confirmé ce mouvement de tendreffe.

Une des chofes du monde qui irrite le plus, c'eft de voir pleurer les gens pour ce qu'il dépend d'eux d'empêcher.

Plut au Ciel! Madame, que j'en euffe le pouvoir. Il m'eft échappé là-deffus quelques fanglots.

Les larmes de repentir & les fanglots d'obftination s'accordent fort bien enfemble! Vous pouvez remonter chez vous. Je vous parlerai bien-tôt.

J'ai fait une profonde révérence pour me retirer.

Finiffez ces démonftrations extérieu- rieures de refpect. Le cœur, Clary, eft ce que je demande de vous.

Ah ! Madame, vous l'avez parfaite- ment. Il n'eft pas tant à moi qu'à ma mere.

Charmant langage ! Si l'obéiffance, com- me dit quelqu'un, confiftoit dans les pa- roles, Clariffe Harlove feroit la plus obéiffante fille qui refpire.

Que le Ciel béniffe ce quelqu'un ! quel qu'il foit, que le Ciel le béniffe. J'ai fait une feconde révérence, & fuivant fes or- dres je me fuis tournée pour fortir.

Elle a paru fort émuë : mais la réfolu- tion étoit prife de me quéreller. Ainfi, détournant le vifage, elle m'a dit d'un ton fort vif, où allez - vous donc, Cla- riffe ?

Vous m'avez ordonné, Madame, de retourner à ma chambre.

Je vois que vous avez beaucoup d'em- preffement à me quitter. Eft-ce l'effet de votre obéiffance ou de votre obftination ? Il me femble que vous êtes bien-tôt laffe de me voir.

Je n'ai pû réfifter plus long-tems. Je me fuis jettée à fes pieds. O ma très-chere mere ! Apprenez-moi tout ce que j'ai à souffrir. Apprenez-moi ce qu'il faut que je devienne. Je supporterai tout, si mes forces le permettent ; mais je ne puis supporter le malheur de vous déplaire.

Laissez-moi, laissez-moi, Clarisse. Il n'est pas question de cette posture. Les genoux si souples & le cœur si opiniâtre! Levez-vous.

Je ne puis me lever. Je veux désobéir à ma mere lorsqu'elle m'ordonne de la quitter, sans m'avoir rendu ses bonnes graces. Ce n'est plus mauvaise humeur;ce n'est plus obstination : c'est bien pis, puisque c'est désobéissance formelle. Ah! ne vous arrachez point de moi (la serrant de mes bras, dont je tenois ses genoux embrassés; elle, faisant des efforts pour se dégager ; mon visage levé vers le sien, avec des yeux, qui n'étoient pas les interprétes fidelles de mon cœur, s'il ne respiroient pas l'humilité & le respect;) non, non, vous ne vous arracherez pas de moi (car elle s'efforçoit toujours de se retirer, & ses regards se promenoient de côté & d'autre, dans un tendre désordre, comme si elle eut été incertaine de ce qu'elle devoit faire ;) je ne veux ni me lever, ni vous quitter, ni vous laiffer partir, que vous ne m'ayez dit que vous n'êtes plus fâchée contre moi.

O toi, qui m'émeus jufqu'au fond du cœur, chere enfant ! (jettant fes chers bras autour de mon cou, tandis que les miens continuoient d'embraffer fes genoux.) . . . Pourquoi me fuis-je chargée de cette commiffion ! . . . . Mais laiffez-moi. Vous m'avez jettée dans un défordre inexprimable. Laiffez-moi, Clariffe. Je ne ferai plus fâchée contre vous... fi je puis m'en empêcher . . . fi vous êtes une fille raifonnable.

Je me fuis levée toute tremblante : & fçachant à peine ce que je faifois, ou comment je pouvois me tenir debout & marcher, j'ai repris le chemin de ma chambre. Hannah m'a fuivie, auffi tôt qu'elle m'a entenduë quitter ma mere. Elle m'a préfenté des fels ; elle m'a jetté de l'eau fraîche, pour foutenir mes efprits, & c'eft tout ce qu'elle a pû faire que de m'empêcher de m'évanouir. Il s'eft paffé près de deux heures avant que j'aie été capable de prendre ma plume, pour vous écrire la malheureufe fin de mes efpérances.

Ma mere eft defcenduë à l'heure du déjeûner. Je n'étois pas en état de paroître. Mais quand j'aurois été mieux, je suppose qu'on ne m'auroit pas appellée, puisque mon pere a fait entendre, lorsqu'il est monté à ma chambre, qu'il ne veut me voir que lorsque je serai digne du nom de sa fille. Voilà ce que je crains de n'être jamais dans son opinion, s'il ne change pas d'idées par rapport à ce Solmes.

LETTRE XIX.

Samedi 4 de Mars à midi.

HAnnah m'apporte à ce moment votre Lettre d'hier. Ce qu'elle contient m'a rendue fort pensive, & vous aurez une réponse de mon plus grave stile. Moi, femme de M. Solmes ! Non, non, j'aimerois mieux .... Mais je vais répondre d'abord aux autres parties de votre Lettre qui sont moins interessantes, afin de pouvoir toucher cet article avec plus de patience.

Je ne suis que médiocrement surprise des sentimens de ma sœur pour M. Lovelace. Elle prend des peines si officieuses, & elle les prend si souvent, pour persuader qu'elle n'a jamais eu & qu'elle n'auroit jamais pû avoir de goût pour lui, qu'elle ne donne que trop de fujet aux foupçons. Jamais elle ne raconte l'hiftoire de leur féparation & de fon refus, fans que fon teint fe colore, & fans jetter fur moi quelques regards de dedain, avec un mélange de colére & d'airs qu'elle fe donne. Cette colére & ces airs prouvent du moins qu'elle a refufé un homme qu'elle croyoit digne d'être accepté. Autrement, à propos de quoi de la colére & des airs? Pauvre Bella! Elle mérite de la pitié. Elle ne peut aimer ni haïr avec modération. Plut au Ciel qu'elle eut obtenu tout ce qu'elle défire? Ce fouhait, de ma part, eft bien fincére.

A l'égard de l'abandon que j'ai fait de ma terre à la volonté de mon pere, mes motifs, comme vous le reconnoiffez, n'ont point été blamables dans le tems. Votre confeil, à cette occafion, étoit fondé fur la bonne opinion que vous avez de moi. Vous êtiez perfuadée que je ne ferois jamais un mauvais ufage du pouvoir que j'avois entre les mains. Ni vous ni moi, ma chere, quoique vous preniez aujourd'hui un air de prédiction, nous ne nous ferions jamais attendues à ce qui arrive, particuliérement du côté de mon pere. Vous apprehendiez à la

vérité les vûes de mon frere, ou plutôt fon amour prédominant pour lui-
même : mais je n'ai jamais penfé aulfi
mal que vous de mon frere & de ma
fœur. Vous ne les avez jamais aimés ; &
dans cette difpofition on a toujours les
yeux ouverts fur le côté foible, comme
il eft vrai aulfi que l'affection eft toujours
aveugle fur les défauts réels. Je veux rappeller en peu de mots mes véritables motifs.

Je voyois naître dans tous les cœurs
des jaloufies & des inquiétudes, au lieu
de la paix & de l'union qui y avoient
toujours régné. J'entendois faire des réfléxions fur le refpectable Teftateur. On
l'accufoit d'être retombé dans l'enfance,
& moi d'en avoir pris avantage. Toutes les jeunes perfonnes, penfois-je en
moi-même, défirent plus ou moins l'indépendance ; mais celles qui la défirent
le plus font rarement les plus propres,
foit à fe gouverner elles-mêmes, foit à
bien ufer du pouvoir qu'elles ont fur les
autres. La faveur qu'on m'accorde eft affûrément fort finguliére pour mon âge.
Il ne faut pas executer tout ce qu'on a
le pouvoir de faire. Profiter fans diftinction de tout ce qui nous eft accordé par
bonté, par indulgence, ou par la bonne
opinion qu'on a de nous, c'eft marquer

un défaut de modération, & une avidité indigne du bienfait. Ce n'eſt pas même un bon ſigne pour l'uſage qu'on en
peut faire. Il eſt vrai, diſois-je, que
dans l'adminiſtration qu'on m'a confiée,
(car toutes les terres, ma chere, ſont-
elles autre choſe que des adminiſtra-
tions ?) j'ai formé d'agréables ſyſtêmes,
où je fais entrer le bonheur d'autrui
comme le mien : mais examinons-nous
un peu nous-mêmes. N'eſt-ce pas la vanité ou le déſir ſecret d'être applaudie,
qui eſt mon principal motif ? Ne dois-je
pas me défier de mon propre cœur ? Si je
m'établis ſeule dans ma Terre, enflée de la
bonne opinion de tout le monde, n'ai-je
rien à craindre de moi, lorſque je ſerai
abandonnée à moi-même? Tout le monde
aura les yeux ſur les actions, ſur les viſites d'une jeune fille indépendante. Et
n'eſt-ce pas m'expoſer d'ailleurs aux en-
trepriſes de ce qu'il y a de pis dans un
autre ſexe ? Enfin, dans mon indépendance, ſi j'avois le malheur de faire un
faux pas, quoiqu'avec la meilleure intention, combien de gens s'en feroient
un triomphe ; & combien en trouve-
rois-je peu qui euſſent l'humanité de me
plaindre ? D'autant plus des uns &
d'autant moins des autres, que tous

s'accorderoient à m'accufer de préfomption.

Ce fut-là une partie de mes réfléxions;
& je ne doute pas que fi je me retrouvois
dans les mêmes circonftances, je ne prif-
fe le même parti, après la plus mûre délibération. Qui peut difpofer des événemens ou les prévoir? Nous conduire,
dans l'occafion, fuivant nos lumiéres préfentes, c'eft tout ce qui dépend de nous.
Si je me fuis trompée, c'eft au jugement de la fageffe mondaine. Lorfqu'il
arrive de fouffrir pour avoir fait fon devoir, ou même pour quelque action de
générofité, n'eft-il pas agréable de penfer que la faute eft du côté d'autrui plutôt que du nôtre? J'aimerois bien mieux
avoir de l'injuftice à reprocher aux autres, que d'avoir donné un jufte fujet à
leur cenfure; & je fuis perfuadée, ma
chere, que c'eft votre fentiment comme
le mien.

Paffons à la plus intéreffante partie de
votre Lettre. Vous croyez que dans les
arrangemens qui fubfiftent, c'eft une néceffité pour moi de devenir Madame
Solmes. Je ne crois pas, ma chere, qu'il
y ait de la témérité de ma part à vous
protefter qu'il n'en fera rien. Je penfe que c'eft ce qui ne peut & ne doit

jamais être. On compte sur mon caractére : mais je vous ai déja dit que je tiens
un peu de la famille de mon pere, auffi-
bien que de celle de ma mere. D'ailleurs
suis-je donc encouragée à suivre implici-
tement l'exemple de ma mere, dans sa
réfignation continuelle aux volontés
d'autrui ? Ne la vois-je pas obligée à
jamais, comme elle a bien voulu me
l'infinuer elle-même, de prendre le parti
de la patience ? Elle ne vérifie que trop
votre obfervation, que *ceux qui fouffrent
beaucoup auront beaucoup à fouffrir.* Que
n'a-t'elle pas facrifié à la paix ? C'eft-elle-
même qui le dit. Cependant a t'elle obtenu, par fes facrifices, cette paix qu'elle
eft fi digne d'obtenir ? Non, je vous affûre ; & le contraire eft tout ce que j'appréhende. Combien de fois ai-je penfé,
à fon occafion, que par nos excès d'inquiétude pour conferver fans trouble les
qualités que nous aimons naturellement,
pauvres mortels que nous fommes ! nous
perdons tout l'avantage que nous nous pro-
pofons d'en tirer nous-mêmes ; parce que
les intriguans, qui découvrent ce que
nous craignons de perdre, tournent leurs
batteries vers ce côté foible ; & fe faifant
une artillerie (fi vous me paffez toutes
ces expreffions) de nos efpérances & de

nos craintes, ils la font jouer fur nous à leur gré.

La fermeté d'ame, qualité que les cenfeurs de notre fexe lui refufent (je parle de celle qui porte fur une jufte conviction, car autrement c'eft opiniâ-treté ; & j'entens auffi, dans les affaires effentielles)eft, fuivant le Docteur *Lewin*, une qualité qui donne du poids à celui qui la poffède, & qui, lorfqu'elle eft connue & bien éprouvée, le rend fupé-rieur aux atteintes des vils intriguans. Ce bon Docteur m'exhortoit à la prati-quer dans les occafions louables. Pour-quoi ne croirois - je pas que le tems de l'exercice eft arrivé? J'ai dit que je ne puis & que je ne dois jamais être à M. Solmes. Je repete que je ne le dois pas ; car furement, ma chere, je ne dois pas facrifier tout le bonheur de ma vie à l'ambition de mon frere ; furement je ne dois pas fervir d'inftrument pour enlever aux pa-rens de M. Solmes leurs droits naturels & leurs efperances de reverfion, dans la vuë d'aggrandir une famille (quoique je lui appartienne) qui eft déja dans l'abondance & dans la fplendeur, & qui après avoir obtenu ce qu'elle défire,pour-roit être auffi peu fatisfaite de ne pas poffeder une Principauté qu'elle l'eft aujourd'hui de n'être pas revetue d'une Pairie. Les ambitieux, comme vous l'obfervez des avares, font-ils jamais raffafiés de leurs acquifitions ? Il eft fûr encore, que je dois entrer d'autant moins dans les avides intentions de mon frere, que je méprife du fond du cœur le but auquel il afpire, & que je ne fouhaite ni de changer mon état ni d'augmenter ma fortune ; parce que j'ai pour principe que le bonheur & la richeffe font deux chofes differentes, & qui marchent rarement enfemble.

Cependant je crains, je redoute extrêmement les combats que j'aurai à foutenir. Il peut arriver que je devienne plus malheureufe par l'obfervation du précepte general de mon Docteur, que par la foumiffion qu'on exige ; puifque ceux qui ont droit d'interpreter ma conduite à leur gré, donnent le nom d'opiniâtreté & de révolte à ce que j'appelle fermeté.

Ainfi, ma chere, fûffions-nous parfaits, ce qui ne peut être vrai de perfonne, nous ne pourrions être heureux dans cette vie, à moins que ceux à qui nous avons à faire, fur tout ceux qui ont quelque autorité fur nous, ne fûffent gouvernés par les mêmes principes.

Quel parti faut-il donc prendre , si ce n'est , comme je l'ai déja remarqué , de bien choisir ; de s'attacher fortement au choix qu'on a fait , & d'abandonner le succès à la Providence ?

Voilà ma regle , dans le cas où je suis ; du moins si vous approuvez mes motifs. Si vous ne les approuvez pas , je vous prie de m'en informer.

Mais de quelles couleurs puis - je revêtir à mes propres yeux tout ce que ma mere est condamnée à souffrir par rapport à moi ? Je fais une reflexion qui n'est peut-être pas sans force ; c'est que ses peines ne peuvent durer longtems. De maniere ou d'autre , cette grande affaire sera bientôt terminée ; au lieu que si je prens le parti de ceder , une aversion invincible fera le malheur de toute ma vie. J'ajoute qu'avec les raisons que j'ai de croire qu'elle n'est pas entrée par inclination dans les mesures présentes, je puis supposer qu'elle regretera moins de ne les pas voir réussir.

Ma lettre est fort longue , pour le tems que j'ai mis à l'écrire. Le sujet me touchoit jusqu'au vif. Après les reflexions que vous venez de lire , vous attendrez de moi trop de fermeté peut-être , dans la nouvelle conférence que j'aurai bientôt avec ma mere. Mon pere & mon frere dinent chez mon oncle Antonin, dans le dessein apparemment de nous laisser plus de liberté pour cet entretien.

Hannah vient m'apprendre qu'elle a entendu parler mon pere avec beaucoup de chaleur, en prenant congé de ma mere. Il lui reprochoit sans doute de m'être trop favorable; car elle étoit comme en pleurs. Hannah n'a pû entendre d'elle que ces quatre mots : En vérité, M. Harlove, vous me jettez dans un grand embarras ; la pauvre petite ne merite point . . . . Mon pere a répondu, d'un ton de colére, qu'il feroit mourir quelqu'un de chagrin Moi, sans doute. Je suppose que cela ne peut regarder ma mere. Hannah n'a rien entendu de plus.

Comme ma sœur est restée seule à dîner avec ma mere, je m'étois figurée que je recevrois ordre de descendre. Mais on s'est contenté de m'envoyer quelques mets de la table. J'ai continué d'écrire, sans avoir pû toucher à rien, & j'ai fait manger Hannah, de peur qu'on ne m'acculât d'obstination.

Avant que de finir, il me vient à l'esprit d'aller faire un tour au jardin, pour voir si je ne trouverai rien, de l'une ou l'autre de mes deux correspondances, qui mérite d'être ajouté à cette Lettre. Je descends dans cette vûë.

Je suis arrêtée. Hannah portera ma Lettre au dépôt. Elle a rencontré ma mere, qui lui a demandé où j'étois, & qui lui a donné ordre de me venir dire qu'elle alloit monter, pour s'entretenir avec moi dans mon propre cabinet. Je l'entens venir. Adieu, ma chere.

LETTRE XX.

Miss CLARISSE HARLOVE, à Miss HOWE.

Samedi après midi.

LA conférence est finie ; mais je ne vois que de l'augmentation dans mes peines. Ma mere ayant eu la bonté de m'avertir que cet entretien sera le dernier effort pour me persuader, je serai aussi exacte, dans le détail, que ma tête & mon cœur me le permetront.

En entrant dans ma chambre ; j'ai fait avancer le dîner, m'a-t'elle dit, & j'ai dîné fort vîte, dans la feule vûe de conférer avec vous. Et je vous affûre que cette conférence fera la derniere qui me fera permife, & que je ferai portée moimême à défirer, fi je vous trouve auffi rébelle que plufieurs fe l'imaginent. J'efpére que vous tromperez leur attente, & que vous ne ferez pas connoître que je n'ai pas fur vous tout le poids que mérite mon indulgence.

Votre pere dîne & foupe chez votre oncle, pour nous donner une pleine liberté. Comme je dois lui faire mon rapport, à fon retour, & que j'ai promis de le faire très-fidellement ; il prendra par rapport à vous les mefures qu'il jugera convenables.

J'allois parler. Ecoutez, Clariffe, ce que j'ai à vous dire, avant que vous ouvriez la bouche pour me répondre ; à moins que vous ne foyez difpofée à la foumiffion . . . . . Dites, l'êtes-vous ? Si vous l'êtes, vous pouvez vous expliquer.

Je fuis demeurée en filence.

Elle m'a regardée d'un air inquiet & douloureux. Point de foumiffion, je le vois. Une fille jufqu'à préfent fi obéiffante ! . . . . Quoi ? Vous ne pouvez „ vous ne voulez pas parler comme je vous le dis ? Et me rejettant en quelque forte de la main ; eh bien, continuez de vous taire. Je ne fouffrirai pas, plus que votre pere, une contradiction fi déclarée.

Elle s'eft arrêtée, avec un regard incertain, comme fi elle eut attendu mon confentement.

Je n'ai pas ceffé de garder le filence, les yeux baiffés & mouillés de larmes.

O fille opiniâtre ! Mais ouvrez la bouche : parlez ; êtes-vous réfolue de nous faire tête à tous, dans un point fur lequel nous fommes tous d'accord ?

M'eft-il permis, Madame, de vous adreffer mes plaintes ?

Que vous ferviront les plaintes, Clariffe ! Votre pere eft déterminé. Ne vous ai-je pas dit qu'il n'y a point à reculer ? que l'honneur & l'avantage de la famille y font également interreffés ? Soyez de bonne foi. Vous l'avez toujours été, même contre vos propres intérêts. Qui doit céder à la fin, ou tout le monde à vous, ou vous à tous autant que nous fommes ? Si votre deffein eft de vous rendre, lorfque vous aurez reconnu qu'il vous eft impoffible de l'emporter, rendez-vous de bonne grace; car il faut vous y réfoudre, ou renoncer à la qualité de notre fille.

J'ai pleuré ; ne fachant que dire, ou plutôt ne fachant comment je devois exprimer ce que j'avois à dire.

Apprenez qu'il y a des nullités dans le Teftament de votre grand-pere. Il ne vous reviendra pas un fchelling de cette Terre, fi vous refufez de vous foumettre. Votre grand-pere vous l'a laiflée, comme une récompenfe de votre refpeĉt pour lui & pour nous. Elle vous fera ôtée avec juftice, fi . . . .

Pemettez-moi, Madame, de vous aflûrer que fi elle m'a été léguée injuftement , je ne fouhaite pas de la conferver. Mais on n'a pas manqué, fans doute, d'inftruire M. Solmes de ces nullités.

Voilà, m'a-t'elle dit, une petite réponfe aflez effrontée. Mais faites réfléxion qu'en perdant cette Terre par votre obftination , vous perdez entiérement l'affeĉtion de votre pere. Alors que deviendrez-vous ? Que vous reftera-il pour vous foutenir ? Et tous ces beaux fyftêmes de générofité & de bonnes aĉtions , ne faudra t'il pas y renoncer ?

Dans une fi malheureufe fuppofition , lui ai-je dit, je ferai obligée de me conformer aux circonftances. *On ne demande beaucoup qu'à ceux qui ont reçu beaucoup.*

Je devois benir ſes ſoins & ceux de la bonne Madame Norton, pour m'avoir appris à me contenter de peu ; de bien moins, ſi elle me permettoit de le dire, que mon pere n'avoit la bonté de me donner tous les ans. Je me ſuis ſouvenue alors de l'ancien Romain & de ſes lentilles.

Quelle perverſité ! a repris ma mere. Mais ſi vous faites fond ſur la faveur de l'un ou l'autre de vos deux oncles, rien n'eſt plus vain que cette eſpérance. Vous ſerez abandonnée d'eux, je vous aſſûre, ſi vous l'êtes de votre pere. Ils vous renonceront auſſi pour leur niéce.

J'ai répondu que j'étois extrêmement affligée de n'avoir pas eu tout le mérite néceſſaire pour faire des impreſſions plus profondes ſur leur cœur ; mais que je ne ceſſerois pas de les aimer & de les horer pendant toute ma vie.

Tout ce langage, m'a-t'elle dit, ne ſervoit qu'à mettre en évidence ma prévention en faveur d'un certain homme. En effet mon frere & ma ſœur n'alloient nulle part, où l'on ne parlât de cette prévention.

C'étoit un grand ſujet de chagrin pour moi, ai-je répondu, d'être en proie, comme elle le diſoit, aux diſcours pu

blics; mais je lui demandois la permission
d'obferver, que les auteurs de ma difgrace dans le fein de la famille, ceux qui
parloient de ma prévention au dehors,
& ceux qui lui en venoient faire le recit,
étoient conftamment les mêmes.

Elle m'a beaucoup grondée de cette
réponfe. J'ai reçu fes reproches en filence.

Vous êtes obftinée, Clariffe. Je vois
que vous êtes obftinée. Elle s'eft prome-
née dans la chambre d'un air chagrin.
Enfuite fe tournant vers moi : Je vois
que le reproche d'obftination ne vous
effraie pas. Vous n'avez pas d'empreffement à vous juftifier. Ma crainte étoit
de vous expliquer tout ce que je fuis
chargée de vous dire, s'il demeure impoffible de vous perfuader. Mais je m'apperçois que j'ai eu trop bonne opinion
de votre délicateffe & de votre fenfibili-
té .... Une jeune créature fi ferme &
fi infléxible ne fera pas déconcertée de
s'entendre déclarer, que les articles font
actuellement dreffés, & que dans peu de
jours elle doit recevoir ordre de defcendre, pour les entendre lire & pour les fi-
gner ; car il eft impoffible, fi votre cœur
eft libre, que vous y trouviez le moindre
fujet d'objection, excepté peut-être qu'ils

vous font trop favorables & à toute la famille.

Je fuis demeurée fans voix, abfolument fans voix. Quoique mon cœur fut prêt à fe fendre, je ne pouvois, ni pleurer, ni parler.

Elle étoit fâchée, m'a-t'elle dit, de mon averfion pour cet *affortiment*; (quel nom, ma chere, elle lui donnoit!) mais c'étoit une chofe décidée. L'honneur & l'intérêt de la famille y étoient attachés. Ma tante me l'avoit expliqué. Elle me l'avoit dit elle-même. Il falloit obéir.

Je n'ai pas ceffé d'être muette.

Elle a pris *la ftatue* dans fes bras, c'eft le nom qu'elle m'a donné; elle m'a conjurée d'obéir, au nom de Dieu, & pour l'amour d'elle-même.

J'ai retrouvé alors le pouvoir de remuer la langue & de pleurer. Vous m'avez donné la vie, lui ai-je dit en levant les mains au Ciel, & mettant un genou à terre; une vie, que votre bonté & celle de mon pere ont rendue jufqu'à préfent très-heureufe. Oh! Madame, n'en rendez pas le refte miférable.

Votre pere, m'a-t'elle répondu, eft dans la réfolution de ne pas vous voir, jufqu'à ce qu'il retrouve en vous une fille obéiffante, telle que vous l'avez toujours
jours

jours été. Songez que c'eſt mon dernier effort. C'eſt le dernier, ſongez-y
bien. Donnez - moi quelque eſpérance,
ma chere fille. Mon repos y eſt intereſſé. Je compoſerai avec vous pour une
ſimple eſpérance. Et votre pere néanmoins demande une ſoumiſſion aveugle,
une ſoumiſſion même de bonne grace !
Ma fille, donnez-moi du moins de l'eſpérance.

Ah ! ma très-chere, ma très-indulgen-
te mere, ce ſeroit tout accorder. Puis-je
être une honnête fille & donner des eſpérances qu'il m'eſt impoſſible de confir-
mer ?

Elle a paru fort en colére. Elle a recommencé à m'appeller *perverſe*. Elle
m'a reproché de n'avoir égard qu'à mes
propres inclinations, & de ne reſpecter
ni ſon repos ni mon devoir. Il étoit
bien agréable, m'a-t'elle dit, pour des
parens qui avoient fait leurs délices d'u-
ne fille pendant ſon enfance, & qui s'é-
toient attachés à lui donner une excellente éducation, dans l'attente de lui
trouver un jour de juſtes ſentimens
de reconnoiſſance & de ſoumiſſion, de
ne voir arriver néanmoins le tems qui
devoit couronner leurs déſirs, que pour
la trouver oppoſée à ſon propre bon-

heur & à leur satisfaction , pour lui voir refuser l'offre d'un riche & noble établissement , & pour faire soupçonner à ses amis inquiets qu'elle veut se jetter entre les bras d'un libertin , qui a bravé sa famille , quelle qu'en ait pû être l'occasion , & qui a trempé ses mains dans le sang de son frere !

Cependant lorsqu'elle avoit remarqué mon dégout, elle avoit plaidé plus d'une fois en ma faveur, mais sans aucune aprence de succès. Elle avoit été traitée comme une mere trop passionnée, qui par une blâmable indulgence vouloit encourager un enfant à s'opposer aux volontés d'un pere. On lui avoit reproché de former deux partis dans la famille ; elle & la plus jeune de ses deux filles, contre son mari , ses deux freres, son fils, sa fille aînée & sa sœur Hervey. On lui avoit dit que le démêlé de mon frere & de M. Lovelace à part , elle devoit être convaincue de l'avantage qui revenoit à toute la famille, de l'exécution d'un Contrat, duquel tant d'autres Contrats dépendoient.

Elle m'a répété que le cœur de mon pere y étoit tout entier ; qu'il aimoit mieux, comme il l'avoit déclaré, se voir sans fille, que d'en avoir une dont il ne pût pas difposer pour fon propre bien, fur-tout lorfque j'avois reconnu que mon cœur étoit libre, & lorfque le bien gé-neral de toute la famille étoit attaché à mon obéiffance : que les fréquentes dou-leurs de fa goute, dont chaque accès devient plus menaçant de jour en jour, ne lui faifoient plus envifager beaucoup de bonheur dans le monde & ne lui pro-mettoient pas même une longue vie ; qu'il efperoit que moi, qu'on fuppofoit avoir contribué à prolonger celle de fon Pere, je ne voudrois pas, par ma défo-béiffance, abreger la fienne.

Cette partie du plaidoyer, ma chere, étoit fans doute la plus touchante. J'ai pleuré en filence fur mes propres réfle-xions. Je ne me fentois pas la force de répondre. Ma mere a continué : » Quels » pouvoient donc être fes motifs » dans l'empreffement qu'il avoit pour » l'execution de ce Traité, fi ce n'étoit » l'honneur & l'agrandiffement de fa » famille, qui jouiffant déja d'une for-» tune convenable au plus haut rang, » n'avoit plus à défirer que de la diftinc-» tion ? Quelque méprifables que tou-» tes ces vuës puffent être à mes yeux, » je favois que j'étois la feule de la fa-» mille à qui elles paruffent telles ; &

» mon pere se réservoit le droit de juger
» de ce qui convenoit au bien de ses
» enfans. Mon gout pour la retraite ,
» que quelques-uns traitoient d'affecta-
» tion , sembloit couvrir des vuës par-
» ticulieres. La modestie & l'humilité
» m'obligeoient bien plutôt de me dé-
» fier de mon propre jugement , que
» de censurer des projets que tout le
» monde auroit formés dans la même
» occasion.

Je continuois de me taire. Elle a
repris encore : » C'étoit dans la bonne
» opinion que mon pere avoit de moi,
» de ma prudence , de ma soumission,
» de ma reconnoissance , qu'il avoit ré-
» pondu de mon consentement , pen-
» dant mon absence (même avant mon
» retour de chez Miss Howe) & qu'il
» avoit entrepris & terminé des contrats
» qui ne pouvoient plus être annullés
» ni changés.

Pourquoi donc , ai-je pensé en moi-
même , m'a-t'on fait , à mon arrivée, un
accueil si capable de m'intimider ? Il y
a bien de l'apparence que cet argument,
comme tous les autres , a été dicté à
ma mere.

» Votre pere, a-t'elle continué, déclare
» que votre opposition inattendue & les

» menaces conſtantes de M. Lovelace, le
» perſuadent de plus en plus que le tems
» doit être abregé ; autant pour finir ſes
» propres craintes, de la part d'un enfant
» ſi favoriſé qui lui manque de ſoumiſ-
» ſion, que pour couper cours aux eſpe-
» rances de cet homme là. Il a déja donné
» ordre qu'on lui envoye, de Londres,
» des échantillons de ce qu'il y a de
» plus riche en étoffes.

Cette idée m'a fait frémir. La reſ-
piration m'a manqué. Je ſuis demeurée
la bouche ouverte, & comme effraïée
de cette terrible précipitation. Cependant j'allois m'en plaindre avec chaleur.
Ma mémoire ſe rappelloit l'auteur de
cet expédient : les femmes, diſoit un
jour mon frere, qui ont peine à ſe déci-
der pour un changement d'état, peuvent être aiſément déterminées par l'éclat
des préparations nuptiales, & par la
vanité de devenir maîtreſſes d'une maiſon. Mais pour m'ôter le tems d'exprimer ma ſurpriſe & mes répugnances,
ma mere s'eſt hâtée de continuer : » Mon
» pere, m'a t'elle dit, pour mon inté-
» rêt comme pour le ſien, ne vouloit
» pas demeurer plus longtems dans une
» incertitude nuiſible à ſon repos. Il
» avoit même jugé à propos de l'avertir

» que si elle aimoit sa propre tran-
» quillité , (quel avis pour une fem-
» me telle que ma mere !) & si elle ne
» vouloit pas lui donner lieu de soup-
» çonner qu'elle favorisoit secretement
» les prétentions d'un vil libertin , ca-
» ractere , avoit-il ajouté , pour lequel
» toutes les femmes , vertueuses ou vi-
» cieuses , n'avoient que trop de goût ,
» elle devoit emploïer sur moi tout le
» poids de son autorité ; & qu'elle pou-
» voit le faire avec d'autant moins de
» scrupule, que de mon propre aveu j'a-
» vois le cœur libre.

Etrange réfléxion, j'ose le dire, que
celle qui regarde le goût de notre séxe
pour un libertin ; du moins dans le cas
de ma mere , qui s'est déterminée en faveur de mon pere , par préférence sur
plusieurs concurrens d'une égale fortune,
parce qu'ils avoient moins de réputation
du côté des mœurs !

Elle m'a dit encore » qu'en la quit-
» tant, mon pere lui avoit donné ordre,
» si elle ne faisoit pas plus d'impression
» sur moi dans cette conférence que
» dans les premieres, de se séparer de
» moi sur le champ, & de m'abandon-
» ner à toutes les suites de ma double
» désobéissance.

Là-dessus, elle m'a pressée, avec plus d'instances & de bonté que je ne puis le représenter, de faire connoître à mon pere, aussi-tôt qu'il seroit rentré, que j'étois disposée à lui obéir; & sa crainte lui a fait ajouter encore une fois, que c'étoit pour son repos comme pour le mien.

Pénétrée des bontés de ma mere, extrêmement touchée de cette partie de son discours qui avoit rapport à sa propre tranquillité, & à l'injustice qu'on lui faisoit de la soupçonner d'une préférence secrete de l'homme que toute la famille haïssoit, sur celui qui étoit l'objet de mon aversion, j'ai souhaité, ma chere, qu'il ne me fût pas absolument impossible d'obéir. Je suis entrée dans de nouvelles réfléxions; j'ai hésité, j'ai considéré, j'ai gardé le silence assez long-tems. Il m'étoit aisé de remarquer combien mon embarras donnoit d'espérance à ma mere. Mais lorsque je suis revenue à penser que tout étoit l'ouvrage d'un frere & d'une sœur, poussés par des vûes d'intérêt propre & d'envie; que je n'avois pas mérité le traitement que j'essuiois depuis plusieurs jours; que ma disgrace étoit déja le sujet des dis-

cours publics ; que mon averſion pour
l'homme qui la cauſe étoit trop connuë
pour recevoir jamais d'autres couleurs ;
qu'un conſentement paroîtroit moins
l'effet du devoir, que la marque d'une
ame lâche & ſordide, qui chercheroît
à conſerver les avantages d'une grande
fortune par le ſacrifice de ſon bonheur ;
que ce feroit donner, à mon frere & à
ma ſœur, un ſujet de triomphe ſur moi &
ſur M. Lovelace, qu'ils ne manqueroient
pas de faire valoir, & qui, malgré le
peu d'intérêt que j'y prens par rapport
à lui, pourroit être ſuivi de quelque fatal déſaſtre : d'un autre côté, la figure
révoltante de M. Solmes, ſes manieres
encore plus déſagréables, ſon jugement
ſi borné ; le jugement, ma chere ! la
gloire d'un homme ! cette qualité ſi in-
diſpenſable, dans le chef & le directeur
d'une famille, pour ſe conſerver le reſ-
pect qu'une honnête femme doit lui
rendre, ne fut-ce que pour juſtifier ſon
propre choix, & qu'elle doit ſouhaiter
de lui voir rendre par tout le monde :
ſans compter que l'infériorité de M. Solmes (je puis bien le dire à vous , & même je crois ſans beaucoup de préſomption) publieroit, à tous ceux qui vou-
droient l'obſerver , quels auroient dû

être mes motifs : toutes ces réfléxions, qui me sont toujours présentes, se réunissant en foule dans mon esprit ; je voudrois, Madame, ai-je dit en joignant les mains , avec une ardeur où tout mon cœur étoit engagé , souffrir les plus cruelles tortures, la perte d'un de mes membres , & celle même de la vie , pour assûrer votre repos. Mais chaque fois que pour vous obéir je veux penser avec faveur a cet homme-là , je sens que mon aversion augmente. Vous ne sauriez, Madame, non, vous ne sauriez croire, combien toute mon ame lui résiste . . . . . Et parler de traités conclus, d'étoffes, de tems abrégé ! . . . Sauvez-moi , sauvez-moi , ô ma chere mere ! sauvez votre fille du plus horrible de tous les malheurs.

Jamais on n'a vû sur un visage , plus vivement que sur celui de ma mere, la douleur exprimée sous des apparences forcées de colére ; jusqu'à ce que le dernier de ces deux sentimens l'emportant sur l'autre, elle s'est tournée pour me quitter, en levant les yeux & frappant du pied. Étrange opiniâtreté ! C'est tout ce que j'ai pû entendre de quelques mots qu'elle a prononcés. Elle alloit sortir : & moi, dans une espéce de transport, j'ai faifi fa robbe : ayez pitié de moi, ma très - chere mere ! Ne me renoncez pas tout-à-fait. Si vous vous féparez de votre fille , que ce ne foit pas avec les marques d'une réprobation abfolue. Mes oncles peuvent avoir le cœur endurci contre mes larmes. Mon pere peut demeurer infléxible. Je puis fouffrir de l'ambition de mon frere & de la jaloufie de ma fœur. Mais que je ne perde pas l'affection de ma mere ; ou qu'il me refte au moins fa pitié.

Elle s'eft tournée vers moi , avec des rayons plus propices. Vous avez ma tendreffe. Vous avez ma pitié. Mais, ô très-chere fille ! je n'ai pas la vôtre.

Hélas ! Madame , vous l'avez. Vous avez auffi tout mon refpect ; vous avez toute ma reconnoiffance ! mais dans ce feul point . . . ne puis je être obligée cette fois feulement ? N'y a-t'il aucun expédient qu'on veuille accepter ? N'ai-je pas fait une offre raifonnable . . .

Je fouhaiterois pour notre intérêt commun , fille trop chere & trop obftinée , que la décifion de ce point dépendît de moi. Mais pourquoi me preffer & me tourmenter , lorfque vous favez fi bien qu'elle n'en dépend pas ? L'offre de renoncer à M. Lovelace n'eft que la moitié de ce qu'on défire. Et d'ailleurs perfonne ne la croira fincére, quand j'en aurois moi - même cette opinion. Auffi long-tems que vous ne ferez pas mariée, M. Lovelace confervera des efperances; &, fuivant l'opinion des autres, vous conferverez de l'inclination pour lui.

Permettez - moi , chere Madame, de vous repréfenter que votre bonté pour moi , votre patience, l'intérêt de votre repos, ont plus de poids dans mon cœur que tout le refte enfemble. Quand je devrois être traitée par mon frere, & à fon inftigation par mon pere, comme la derniere des efclaves, & non comme une fille & une fœur ; mon ame n'eft pas celle d'une efclave. Vous ne m'avez pas élevée dans des fentimens indignes de vous.

Ainfi, Clary, vous voilà déja difpofée à braver votre pere. Je n'ai eu que trop de fujet d'appréhender tout ce qui arrive. A quoi tout ce défordre aboutira-t'il ? Je fuis (en pouffant un profond foupir) je fuis forcée de m'accommoder à bien des humeurs.

C'eft ma douleur, ma très - refpectable mere, de vous voir dans cette trifte néceffité. Et peut - on fe perfuader que cette confidération même & la crainte de ce qui peut m'arriver de pire encore, de la part d'un homme qui n'a pas la moitié du jugement de mon pere, ne m'ait pas extrêmement prevenue contre l'état du mariage ? C'eſt une forte de confolation, lorſqu'on eſt expoſé à des contradictions injuſtes, de les recevoir du moins d'un homme de fens. Je vous ai entendu dire, Madame, que mon pere avoit été longtems d'une humeur fort douce, fans reproche dans fa perfonne & dans fes manieres. Mais l'homme qui m'eſt propoſé . . . .

Gardez-vous de faire tomber vos ré-flexions fur votre pere (trouvez - vous, ma chere, que ce que je viens de dire, car ce font mes propres termes, eut l'air de reflexion fur mon pere?) Il eſt impoſ-fible, je ne ceſſerai pas de le repeter, a continué ma mere, que fi votre indiffe-rence étoit égale pour tous les hommes, vous fuſſiez fi opiniâtre dans vos volon-tés. Je fuis laſſe de cette obſtination. La plus inflexible fille ! Vous oubliez qu'il faut que je me fépare de vous, fi vous n'obéiſſez pas. Vous ne vous fou-venez plus que c'eſt à votre pere que vous aurez à faire, fi je vous quitte. Encore une fois pour la derniere, êtes vous déterminée à braver le reſſentiment de votre pere ? Etes-vous déterminée à braver vos oncles ? Prenez vous le parti de rompre avec toute la famille, plutôt que de voir M. Solmes..... plutôt que de me donner la moindre eſperance ?

Cruelle alternative ! Mais, Madame ! la ſincerité, l'honnêteté de mon cœur ne ſont-elles pas intereſſées dans ma réponſe ? Ne peut - elle pas entraîner le ſacrifice de mon bonheur éternel ? La moindre ombre de l'eſperance que vous me demandez ne ſera-t'elle pas changée auſſi - tôt en certitude abſolue. Ne cherche - t'on pas à m'embarraſſer dans mes propres réponſes, pour en conclure que je ſuis diſpoſée à la ſoumiſſion ſans le ſavoir moi-même ? Helas ! Je vous demande pardon, Madame ! pardonnez la hardieſſe de votre fille dans une ſi importante occaſion. Des articles dreſſés ! l'ordre donné pour des étoffes ? le tems abregé ! chere, chere Madame, comment puis-je donner des eſperances & ne pas vouloir être à cet homme là ?

Ah ! ma fille, ne dites plus que votre cœur ſoit libre. Vous vous trompez vous-même, ſi vous le penſez.

Un vif ſentiment d'impatience m'a fait tordre mes mains. Faut - il me voir ainſi

pouſſée , par l'inſtigation d'un frere ambitieux , & par une ſœur , qui ...

Combien de fois , Clary , vous ai-je
défendu des reflexions qui bleſſent la
bonté de votre naturel ? Votre pere, vos
oncles , tout le monde enfin ne ſoutient-
il pas M. Solmes ? Et je vous repeterai,
fille ingrate , fille auſſi inflexible qu'ingrate , qu'il eſt évident pour moi-même,
qu'une reſiſtance ſi opiniâtre , dans une
jeune creature qui a toujours été ſi
obéiſſante, ne peut venir que d'un amour
indigne de votre prudence. Vous pouvez deviner quelle ſera la premiere
queſtion de votre pere à ſon retour. Il
faut qu'il ſoit informé que je n'ai pu
rien obtenir de vous. J'ai fait mon rôlle.
C'eſt à vous à me chercher , ſi votre
cœur change avant ſon arrivée. Comme
il s'arrête à ſouper , vous avez quelques
heures de plus. Je ne vous chercherai
plus , je ne vous ferai plus chercher.
Adieu.

Elle m'a quittée. Qu'ai-je pû faire que
de pleurer ?

Il eſt certain que je ſuis plus vivement
touchée pour l'intérêt de ma mere que
pour le mien ; & tout conſideré , ſur-tout
lorſque je fais reflexion que les meſures
dans leſquelles elle eſt engagée , ſont,

j'ose le dire, contraires à son propre sentiment, elle mérite plus de compassion
que moi-même. Excellente femme !
Quelle pitié, que sa douceur & sa condescendance n'obtiennent pas les égards
dûs à tant de graces & de charmes !
Si elle n'avoit pas laissé prendre, comme
je l'ai déja observé à regret, tant d'ascendant sur elle à des esprits violens, tout
en iroit bien mieux pour elle & pour
moi.

Mais tandis que je me laisse entraîner
ici par ma plume, je souffre que cette
chere mere soit fâchée contre moi, dans
les craintes dont elle est remplie pour
elle-même. Elle m'a dit à la vérité que je
devois la chercher si je changeois de résolution, & cette condition est l'équivalent d'une défense. Mais comme elle m'a
laissée dans un vif chagrin, ne seroit-ce
pas marquer de l'obstination, & faire entendre que je renonce au secours de sa
médiation, que de ne pas descendre avant
le retour de mon pere, pour implorer sa
pitié & sa faveur dans le récit qu'elle lui
prépare ? Je veux me présenter à sa porte. J'aimerois mieux que le monde entier
fut en colere contre moi, que ma mere.

En même-tems, pour ne conserver
près de moi aucun écrit de cette nature,

Hannah portera celui-ci au dépôt. Si vous recevez deux ou trois de mes Lettres à la fois, vous n'en jugerez que mieux, d'un tems à l'autre, quelles doivent être les inquiétudes & les peines de votre malheureuse amie.

CL. HARLOVE.

LETTRE XXI.

Miss CLARISSE HARLOVE, *à Miss* HOWE.

Samedy au soir.

JE suis descendue: mais, avec les meilleures intentions, je crois que le malheur m'accompagne dans tout ce que j'entreprens. J'ai gâté mes affaires, comme vous l'allez lire, au lieu de les réparer.

J'ai trouvé ma mere & ma sœur ensemble. Ma mere, autant que j'en ai pû juger par la couleur de son charmant visage, & par une rougeur plus sombre que j'ai remarquée aussi sur celui de ma sœur, venoit de parler avec chaleur contre la plus malheureuse de ses deux filles. Peut-être avoit-elle fait à Bella un récit de ce qui s'étoit passé entr'elle & moi, ca-

pable de la justifier à ses yeux, à ceux de
mon frere, à ceux de mes oncles, & de
prouver qu'elle s'étoit employée sincerement à me persuader.

Je suis entrée, de l'air je crois d'une
criminelle abbatue, & j'ai demandé la
faveur d'une audience particuliere. La
réponse de ma mere, dans ses regards
comme dans ses termes, n'a que trop
vérifié mes conjectures.

Clarisse, m'a-t'elle dit, d'un air de séverité qui ne s'accorde jamais avec la
douceur de ses traits, votre visage m'annonce des demandes plûtôt que des sou-
missions. Si je me trompe, hâtez-vous de
me le dire, & je vous suis où vous voudrez ; mais autrement, vous pouvez
vous expliquer devant votre sœur.

Ma mere, ai-je pensé en moi-même,
qui sçait que je n'ai pas une amie dans
ma sœur, pourroit bien passer avec moi
dans la chambre voisine.

Je venois, ai-je dit, pour lui demander pardon, s'il m'étoit échappé quelque chose qui ne fut pas conforme au respect que j'avois pour elle, & pour la sup-
plier d'adoucir le mécontentement de
mon pere, dans le rapport qu'elle devoit
lui faire à son retour.

Quels regards du côté de ma sœur !

Quelles rides fur fon front ! Quelle affectation à lever les mains & les yeux !

Ma mere étoit affez fâchée, fans avoir
befoin d'y être excitée ; elle m'a demandé pourquoi j'étois defcendue, fi
je continuois d'être intraitable ?

A peine avoit-elle fini ces deux mots,
qu'on eft venu annoncer M. Solmes, qui
étoit dans l'anti-chambre, & qui demandoit la permiffion d'entrer.

Hideufe créature ! Quelle raifon pouvoit l'amener, à la fin du jour, lorfqu'il
faifoit déja nuit ? Mais une feconde reflexion m'a fait juger, qu'on étoit convenu
qu'il feroit ici à fouper, pour apprendre
le réfultat de la conférence que j'avois
eue avec ma mere, & dans l'efperance
que mon pere, en arrivant, pourroit
nous trouver tous enfemble.

J'allois fortir avec précipitation ; mais
ma mere m'a dit, que puifque je n'étois
defcendue que pour me mocquer d'elle,
fa volonté étoit que je demeuraffe, &
qu'en même-tems c'étoit à moi de voir
fi j'étois capable de tenir une conduite
qui pût l'engager à faire à mon pere un
rapport auffi favorable que je paroiffois le
défirer.

Ma fœur triomphoit. J'étois piquée au
vif de me trouver prife, & d'avoir effuyé

un rebut fi humiliant, accompagné de regards qui fe fentoient moins de l'indulgence d'une mere que de la raillerie infultante d'une fœur ; car ma mere fembloit fe faire elle - même un plaifir de mon embarras.

L'homme eft entré avec fa marche ordinaire, qui eft par paufes ; comme fi le même vuide d'idées qui fait fifler le *Payfan* de *Dryden*, lui faifoit compter fes pas. Il a fait d'abord fa révérence à ma mere, enfuite à ma fœur, enfuite à moi, parce que me regardant déja comme fa femme, il a cru apparemment que mon tour devoit venir le dernier. Il s'eft affis près de moi ; il nous a dit des nouvelles générales du tems, qui étoit affez froid, fuivant fes obfervations. Pour moi, j'étois fort éloignée de m'en reffentir. Puis s'adreffant à moi, comment le trouvez-vous, Mifs ? Et de cette queftion, il a voulu paffer à prendre ma main.

Je l'ai retirée, affez dédaigneufement je crois... Ma mere a froncé le fourcil. Ma fœur s'eft mordu les levres.

Je n'ai pû me moderer : de toute ma vie je ne me fuis fenti tant de hardieffe ; car j'ai continué mon plaidoyer, comme fi M. Solmes n'eut pas été préfent.

La rougeur eft montée au vifage de

ma mere ; elle le regardoit , elle regardoit ma sœur , elle jettoit aussi les yeux
sur moi. Ceux de ma sœur étoient plus
ouverts & plus grands que je ne les ai jamais vûs.

Le stupide personnage n'a pas laissé de
m'entendre ; il toussoit , & passoit d'une
chaise à une autre.

J'ai continué mes supplications à ma
mere , pour obtenir un rapport favorable : il n'y avoit qu'un dégoût invincible.....

A quoi pense donc cette petite fille ?
Quoi ? Clary ! Est-ce-là un sujet... Est-
ce.... Est-ce.... Est-ce-là le tems....
Elle a tourné encore les yeux sur M.
Solmes.

Je suis fâchée , quand j'y fais réfle-
xion , d'avoir jetté ma mere dans un si
grand embarras ; c'étoit assurément une
effronterie de ma part.

Je lui en ai demandé pardon ; mais mon
pere , lui ai-je dit , devoit revenir ; je ne
pouvois esperer d'autre occasion. Je m'i-
maginois que puisqu'il ne m'étoit pas permis de sortir , la présence de M. Solmes
ne devoit pas me priver d'un avantage si
important pour moi , & qu'en même-
tems je pouvois lui faire connoître (jettant les yeux sur lui) que si ses visites

avoient quelque rapport à moi, elles étoient tout-à-fait inutiles.

Cette petite fille est-elle folle ! a dit ma mere en m'interrompant. Ma sœur affectant de lui parler à l'oreille, quoiqu'assez haut pour être entendue ; c'est dépit, Madame, parce que vous lui avez ordonné de demeurer. Je me suis contentée de lui jetter un regard ; & me tournant vers ma mere : permettez-moi, Madame, de répeter ma priere. Je n'ai plus de frere, je n'ai plus de sœur. Si je perds la faveur de ma mere, je demeure à jamais sans ressource.

M. Solmes est revenu sur sa premiere chaise, & s'est mis à ronger la pomme de sa canne, qui est une tête gravée, presqu'aussi laide que la sienne : je n'aurois pas crû qu'il fut si sensible.

Ma sœur s'est levée, le visage couleur d'écarlate : & s'approchant de la table ; où étoit un éventail, elle l'a pris & s'en est servie à se rafraichir, quoique M. Solmes eut observé que l'air n'étoit pas chaud.

Ma mere est venue à moi, & me prenant rudement par la main, elle m'a fait passer avec elle dans une chambre voisine. Croyez-vous, Clary, que cette conduite ne soit pas bien hardie & bien offensante ?

Je vous demande pardon, Madame, si elle paroît telle à vos yeux ; mais il me sémble, ma chere mere, qu'on me tend ici des piéges. Je ne connois que trop le manege de mon frere. Avec un mot d'honnêteté, il aura mon consentement pour tout ce qu'il souhaite que je lui abandonne : lui & ma sœur prennent la moitié trop de peine.

Ma mere alloit me quitter, avec les marques d'un furieux mécontentement. Un seul mot, chere Madame ! de grace un seul mot, je n'ai qu'une faveur à vous demander.

Que me va donc dire cette petite fille ?

Ah, Madame ! je crois pénétrer le fond de l'intrigue : jamais je ne puis penser à M. Solmes ; mon pere fera du bruit lorsqu'il apprendra ma résolution ; on jugera de la tendresse de votre cœur pour une malheureuse fille, qui semble abandonnée de tous les autres, par la bonté que vous avez eue d'écouter mes prieres; on prendra des mesures pour me tenir renfermée, & pour m'interdire votre vûe, & celle de toutes les personnes qui conservent un peu d'amitié pour moi, (c'est de quoi je suis menacée, ma chere) :& si l'on en vient à cette extrémité, si l'on m'ôte le

pouvoir de plaider ma propre caufe, &
d'en appeller à vous & à mon oncle Harlove, qui êtes ma feule efperance, la
porte fera ouverte à toutes fortes de fa-
bles & de mauvaifes interprétations. Ce
que je vous demande à genoux, Madame, c'eft que fuppofé qu'on ajoute cette
nouvelle difgrace à tout ce que j'ai déja
fouffert, vous ne confentiez pas, du
moins s'il eft poffible, à m'ôter la liberté de vous parler.

Vôtre Hannah, qui prête l'oreille à
tout, vous a donné cette information,
comme beaucoup d'autres.

Hannah, Madame, ne prête l'oreille
à rien.

Ne prenez pas fon parti ; on fçait
qu'elle n'eft utile à rien de bon. On fçait....
mais ne me parlez plus de cette intriguante. Il eft vrai que la menace de votre pere eft de vous renfermer dans votre chambre fi vous n'obéiffez pas, dans
la vûe de vous ôter toute occafion de correfpondance avec ceux qui vous endur-
ciffent contre fes volontez. Il m'avoit ordonné, en fortant, de vous le déclarer fi
je vous trouvois rebelle. Mais j'ai fenti
de la répugnance à vous faire une déclaration fi dure, dans l'efpérance où j'étois
encore de vous ramener à la foumiffion.
Je fuppofe qu'Hannah peut l'avoir enten-

du , & qu'elle vous l'a rapporté. Ne vous a-t'elle pas dit aussi comment il a déclaré , que si quelqu'un devoit mourir de chagrin , il aimoit mieux que ce fut vous que lui ? Mais je vous assure qu'on vous fera une prison de votre chambre , pour vous empêcher de nous tourmenter sans cesse par vos *appels* ; & nous verrons qui doit se soumettre , ou vous, ou tout le monde à vous.

J'ai voulu justifier Hannah , & rejetter mes informations sur l'écho de ma sœur, Betty Barnes , qui les avoit communiquées à une autre servante : on m'a repeté l'ordre de me taire. Je m'appercevrois bien-tôt , m'a dit ma mere , que les autres pouvoient avoir autant de résolution que je marquois d'opiniâtreté. Et pour la derniere fois , elle vouloit bien ajouter , que remarquant assez le fond que je faisois sur son indulgence , dans le tems que je paroissois si peu touchée de la mettre aux mains avec mon pere , avec ses freres & ses autres enfans, elle m'assuroit qu'elle étoit aussi déterminée que tous les autres contre Mr Lovelace , & pour M. Solmes & le plan de la famille ; & qu'elle ne refuseroit son consentement à aucune des mesures qu'on jugeroit nécessaires , pour

réduire

réduire au devoir une fille opiniâtre.

J'étois prête à tomber sans force. Elle a eu la bonté de me donner le bras pour me soutenir. Et voilà, lui ai-je dit, tout ce que j'ai à me promettre d'une si bonne mere !

Oui : mais, Clarisse, je veux vous ouvrir encor une voie. Rentrez, conduisez-vous honêtement avec M. Solmes ; & que votre pere vous trouve ensemble, dans les termes du moins de la civilité.

Je crois que mes jambes se remuoient d'elles-mêmes, pour sortir de la chambre où j'étois, & m'avancer vers l'escalier. Là, je me suis arrêtée. Si vous êtes résolue de nous braver tous, a repris ma mere, vous pouvez remonter à votre appartement, comme vous m'y paroissez disposée ; & que le ciel ait pitié de vous.

Hélas ! c'est la grace que je lui demande ; car je ne puis donner des espérances que je n'ai pas dessein de remplir. Mais, ma chere mere ! accordez-moi du moins le secours de vos prieres. Les miennes seront pour ceux qui m'ont jettée dans cet abîme de douleurs.

J'allois remonter l'escalier.

Vous remontez donc Clary ?

J'ai tourné le visage vers elle. Mes officieuses larmes plaidoient pour moi.

Je n'ai pû ouvrir la bouche , & je suis demeurée immobile.

Chere fille , ne me déchirez pas le cœur ! Ma tres-chere fille , ne prenez pas plaisir à me déchirer le cœur ! Elle tendoit la main vers moi , mais sans quitter la place où elle étoit debout. Que puis-je , Madame , hélas que puis-je faire ! Rentrez , ma fille ; rentrez , ma chere fille : que votre pere puisse seulement vous trouver ensemble.

Quoi , Madame ? lui donner de l'esperance ? donner de l'esperance à M. Solmes ?

Opiniâtre , perverse , rebelle Clarisse! en me rejettant de la main & me regardant d'un œil de courroux : suivez donc vos caprices & remontez. Mais gardez-vous de descendre sans permission , jusqu'à ce que votre pere ait ordonné de votre sort.

Elle s'est derobée de mes yeux avec une vive indignation , & je suis remontée à ma chambre , le cœur pesant , les jambes si lentes que j'avois peine à les traîner.

Mon pere est revenu , & mon frere est rentré avec lui. Quoi qu'il soit tard , ils font enfermés tous enfemble. Il n'y a point une porte ouverte ; pas une ame qui remue. Lorfqu'Hannah monte ou defcend , on l'évite comme une perfonne infectée.

* * *

L'affemblée chagrine eft finie. On vient d'envoïer chez mes deux oncles & chez ma tante Hervey , pour les prier d'être ici demain à déjeuner. Je fuppofe que je recevrai alors ma fentence. Il eft onze heures paffées , & j'ai reçu ordre de ne me pas mettre au lit.

A minuit.

On eft venu à ce moment me demander toutes les clés. Le premier deffein étoit de me faire defcendre ; mais mon pere a dit qu'il ne pourroit prendre fur lui de me regarder. Etrange changement dans l'efpace de quelques femaines! Chorey étoit la meffagere. Elle avoit les larmes aux yeux en s'acquittant de fa commiffion.

Pour vous , ma chere , vous êtes heureufe ! Puiffiez - vous l'être toujours ! Alors , je ne ferai pas tout à fait miferable. Adieu ma tendre amie.

L E T T R E XXII.

Miss Clarisse Harlove, à Miss Howe.

Dimanche matin 5 de Mars.

HAnnah vient de m'apporter une lettre de M. Lovelace, qui a été mise au dépôt cette nuit, & qui est signée aussi de Mylord M...

Il m'y apprend » Que M. Solmes se » vante par tout d'être à la veille de se » marier avec une des plus modestes » femmes d'Angleterre, & que mon » frere aide à l'explication, en assurant » à tout le monde que la plus jeune de » ses deux sœurs doit être dans peu de » tems la femme de M. Solmes. Il me » parle de l'ordre donné pour les étoffes, » comme ma mere me l'a declaré.

Il ne lui échappe rien, ma chere, de tout ce qui se dit ou qui se fait dans la maison.

Ma sœur, dit-il, » répand les mêmes » bruits ; avec un soin si affecté d'aggra- » ver l'insulte qui retombe sur lui, qu'il » ne peut être qu'extrêmement picqué » & de la maniere & de l'occasion.

Il s'exprime là - deffus dans des termes fort violens.

» Il ignore quels peuvent être les » motifs de ma famille , pour lui pré- » ferer un homme tel que Solmes. Si » ce font les grands avantages qu'on » me fait dans les articles , Solmes n'of- » frira rien qu'il ne foit prêt à faire » comme lui.

» S'il eft queftion de fortune & de » naiffance , il n'a point d'objection à » craindre fur le premier point. A l'égard » du fecond , il fe rabaifferoit trop par » une comparaifon odieufe. Il appelle » au témoignage de Mylord M . . . pour » la regularité de fa vie & de fes mœurs, » depuis qu'il a commencé à me rendre » des foins & qu'il afpire à me plaire.

Je fuppofe , ma chere , qu'il a fou-haité que fa lettre fut fignée de Mylord , comme garant de fa conduite.

Il me preffe » de permettre qu'il » rende , avec Mylord , une vifite à mon » mon pere & à mes oncles , dans la » vue de faire des propofitions qui ne » demandent que d'être entendues pour » être acceptées ; & il promet de fe » foumettre à toutes les mefures que je » lui prefcrirai pour une parfaite récon- » ciliation.

M iij

>> Il ne fait pas difficulté, dans cette
>> efpérance, de me demander un entre-
>> tien particulier dans le Jardin de mon
>> pere, où je me ferai accompagner du
>> témoin que je voudrai choifir.

Réellement, ma chere, fi vous lifiez
fa lettre, vous vous imagineriez que je
lui aurois donné beaucoup d'encouragement, & que je ferois en traité direct
avec lui ; ou qu'il feroit fûr que mes
amis me forceront de chercher des pro-
tections étrangeres : car il a l'audace de
m'offrir, au nom de Mylord, un afile
contre les perfecutions, fi elles devien-
nent tyranniques en faveur de Solmes.

Je fuppofe que c'eft la méthode de
fon fexe, de hazarder des offres & des
propofitions hardies, pour embarraffer
les perfonnes inconfiderées du nôtre,
dans l'efpérance que nous aurons trop de
complaifance ou de timidité pour en
faire un fujet de querelle ; & fi cette
hardieffe n'eft pas rebutée, de regarder
notre filence comme un confentement
volontaire, ou comme une démarche
en leur faveur.

Il y a dans cette Lettre, d'autres par-
ticularités, dont je voudrois que vous
fuffiez informée. Mais je prendrai une
autre occafion pour vous envoïer la

Lettre même, si je n'ai pas le tems d'en faire une copie.

Ce n'est pas sans chagrin que je considere, comment j'ai été engagée d'un côté, & poussée de l'autre, dans une correspondance clandestine, qui n'a que trop l'air d'un commerce d'amour, & dont je trouve la condamnation dans les sentimens de mon cœur.

Il est aisé de voir que si je tarde à la rompre, ma triste situation ne fera qu'augmenter de jour en jour les avantages de M. Lovelace, & par conséquent mes embarras. Cependant si je la finis, sans y mettre pour condition que je serai delivrée de M. Solmes. . . . . Croyez vous, ma chere, qu'il ne soit pas à propos de la continuer encore un peu, pour trouver le moyen, en cédant celui-ci, de me débarrasser de l'autre ? N'est-ce pas de vous seule, à présent, que je puis attendre des conseils ?

Tous mes parens sont assemblés. Ils sont à déjeûner ensemble. Solmes est attendu. Je suis dans une inquiétude extrême : il faut que je quitte ma plume.

Ils partent tous ensemble pour aller à l'Eglise. Hannah m'apprend qu'ils ont

M iiij

l'air fort embaraffé. Elle eft perfuadée qu'ils ont pris quelque réfolution.

Dimanche à midi.

Quel cruel tourment que l'incertitude! Je veux demander la permiffion d'aller ce foir à l'Eglife. Je m'attens d'être refufée ; mais fi je ne la demande point , on dira que j'y ai manqué par ma faute.

J'ai fait appeller Chorey. Chorey eft venuë. Je l'ai chargée de porter ma requête à ma mere , pour la permiffion d'aller cet après midi à l'Eglife. Devineriez vous la réponfe ? Dites-lui qu'elle doit s'adreffer à fon frere , dans tout ce qu'elle voudra demander. Ainfi , ma chere , je fuis entierement livrée à mon frere !

Cependant je me fuis déterminée à recourir à lui pour obtenir cette faveur ; & lorfqu'on m'a envoyé mon dîner folitaire , j'ai donné un billet aux domeftiques , dans lequel je m'adreffois à mon pere , par fes mains , pour demander la permiffion d'aller à l'Eglife.

Voici fa méprifante réponfe : dites lui qu'on déliberera demain fur fa demande.

Qu'en dites-vous , ma chere ? On déliberera demain fur la permiffion que je demande d'aller à l'Eglife aujourd'hui.

La patience eft le feul retour dont je
puiffe payer cette infulte.

Mais croyez-moi , cette méthode ne
réuffira pas avec votre Clariffe. Je fuppofe néanmoins que ce n'eft que le prélude de tout ce que je dois attendre de
mon frere , à préfent que je fuis livrée
à lui.

Après y avoir reflechi , j'ai jugé que
le meilleur parti étoit de renouveller
ma demande. Voici la copie de mon
billet , & celle du fien.

Je ne fai , Monfieur, quel fens je dois
donner à votre réponfe. Si c'eft une fimple plaifanterie , j'efpére que vous de-
meurerez dans la même difpofition , &
que ma demande fera accordée. Vous
favez que lorfque je me fuis trouvée au
logis , & en bonne fanté , je n'ai jamais
manqué à l'Eglife ; excepté les deux derniers Dimanches , qu'on m'a confeillé de
n'y point aller. Ma fituation préfente
eft telle , que je n'ai jamais eu tant de
befoin du fecours des prieres publiques.
Je m'engagerai folemnellement à n'aller

que là & à revenir. Je me flatte qu'on ne
m attribuera point d'autre vûes. L'abba-
tement de m s e prit , que je puis nommer affez juftement une indifpofiti n,
fera une excufe fort naturelle pour me
garantir des vifites, & je ne répondrai
que de loin aux civilités des perfonnes de
ma connoiffance. Il eft inutile que tout
le monde foit informé de mes difgraces,
fi elles doivent avoir une fin. Ainfi je
demande cette faveur pour le foutien de
ma réputation , afin que je puiffe marcher tête levée dans le voifinage, fi je
vis affez pour voir la fin des rigueurs qui
femblent deftinées à votre malheureufe
fœur ,

CL. HARLOVE.

Se faire un objet fi important d'aller à
l'Eglife , pendant qu'on brave tous fes
parens dans une affaire qui eft pour eux
de la derniere conféquence ; c'eft une ab-
furdité. Ce qu on vous recommande,
Mifs c'eft la pratique de vos dévotions
particulieres Puiffent-elles changer l'efprit d'une jeune fille, des plus obftinées,
dont il y ait jamais eu d'exemple ! On fe
propofe, je vous le déclare nettement,
de vous ramener au fentiment de votre
devoir par la mortification. Les voifins,

de l'estime desquels vous paroissez si ja-
louse, savent déja que vous le bravez.
Ainsi, Miss, si vous faites cas réellement de votre réputation, faites - le connoître comme vous le devez. Il dépend
encore de vous de l'établir ou de la ruiner.

JAMES HARLOVE.

Vous voyez, ma chere, comment
mon frere m'a fait tomber dans ses filets.
Et moi, comme un simple & malheureux
oiseau, je ne me débats que pour m'y
embarasser de plus en plus.

LETTRE XXIII.

Miss CLARISSE HARLOVE, à Miss HOWE.

Lundy au matin 6 Mars.

ILs sont resolus de me faire mourir de
chagrin. Ma pauvre Hannah est congédiée, honteusement congédiée. Voici les circonstances.

J'avois fait descendre cette pauvre fille pour apporter mon déjeûner. Au lieu
d'elle, l'effrontée Betty Barnes, la confidente & la servante de ma sœur (si
une confidente favorite peut être traitée

M vj

de fervante) eft montée à ma chambre
une demie heure après.

Que fouhaitez vous , Mifs , pour votre déjeûner ?

Ce compliment m'a furprife de fa
part. Ce que je veux pour mon déjeûner , Betty ? Comment ! Quoi ? je veux
Hannah . . . . . Je ne favois ce que je devois dire

Ne foyez pas étonnée , Mifs ; vous ne
verrez plus Hannah dans cette maifon.

Le ciel m'en préferve ! lui eft-il arrivé quelque mal ! Quoi ? qu'eft devenue
Hannah ?

Sans vous laiffer dans l'embarras ,
Mifs , voici l'hiftoire. Votre pere & votre mere croyent qu'Hannah a fait affez
de mal dans la maifon. Elle a reçu ordre de plier bagage (c'eft le terme de
cette audacieufe créature) & je fuis chargée de vous fervir.

Mes larmes ont commencé à couler.
Je n'ai pas befoin de vos fervices , Betty. Non , non , je n'attens aucun fervice de vous ; mais où eft Hannah ? Ne
puis-je lui parler. Je lui dois une demie
année de gages. Ne m'eft-il pas permis
de la voir, pour la payer. On me défend
peut-être de la revoir jamais ; car ils font
réfolus de me faire mourir de chagrin.

Il font la même plainte de vous ; ainſi bon chat, bon rat, Miſs.

Je l'ai traitée d'impertinente , & je lui ai demandé ſi c'étoit par ſes effronteries que ſon ſervice devoit commencer. Cependant pour ſatisfaire mon empreſſement , elle eſt allée me chercher cette pauvre fille , qui n'avoit pas moins d'impatience de me voir. Il a fallu ſouffrir que notre entrevûe ait eu Chorey & Betty pour témoin. J'ai remercié ma bonne Hannah de ſes ſervices paſſés. Son cœur étoit prêt à ſe fendre. Elle s'eſt miſe à juſtifier ſa fidélité & ſon attachement, en proteſtant qu'elle n'étoit coupable de rien. Je lui ai répondu que ceux qui étoient la cauſe de ſa diſgrace ne doutoient pas de ſon honnêteté ; que c'étoit un outrage qui n'avoit rapport qu'à moi ; qu'ils avoient eu raiſon de croire que j'y ſerois fort ſenſible , & que je ſouhaitois qu'elle pût trouver une auſſi bonne condition. Jamais, jamais une auſſi bonne maîtreſſe , m'at'elle dit en ſe tordant les mains & la pauvre créature s'eſt fort étendue ſur mes louanges & ſur ſon affection pour moi. Nous ſommes portés , vous le ſavez ma chere , a louer nos bienfaicteurs, parce qu'ils ſont nos bienfaicteurs ;

comme si chacun faisoit bien ou mal autant qu'il nous est utile ou qu'il nous nuit. Mais cette bonne fille s'étant rendue digne de mon amitié, il n'y a point de merite à l'avoir traitée avec une faveur qu'il y auroit eu de l'ingratitude à lui refuser.

Je lui ai fait présent d'un peu de linge, de quelques dentelles & d'autres choses. Au lieu de quatre Guinées qui lui étoient dues pour ses gages, je lui en ai donné dix ; & je lui ai promis que si la liberté de disposer de moi m'étoit jamais rendue, je penserois à elle pour le premier rang à mon service. Betty s'est déja cruë en droit d'en témoigner de la jalousie à Chorey.

Hannah ne s'est pas fait une peine de me dire devant elle, parce qu'elle n'en a pas eu d'autre occasion, qu'on l'avoit examinée sur les lettres que j'ai écrites, ou que j'ai reçues, & qu'elle avoit offert ses poches à Miss Harlove, qui les a visitées, & qui a mis même les doigts sous son corset, pour s'assurer qu'elle n'en avoit point.

Elle m'a rendu compte du nombre de mes Faisans & de mes Bantams. J'ai affecté de dire que j'en prendrois soin moi-même & que je les visiterois deux ou trois fois le jour. Nous avons pleuré toutes deux en nous quittant. C'eſt un chagrin bien cuiſant, de ſe voir enlever avec cette hauteur un domeſtique auquel on eſt affectionnée. Je n'ai pû m'empêcher de dire que ces méthodes pouvoient abreger mes jours, mais que de toute autre maniere elles répondroient mal aux intentions des auteurs de ma diſgrace. Betty a dit à Chorey, avec un ſouris moqueur, qu'elle s'imaginoit que la victoire demeureroit aux plus habiles. Je n'ai pas temoigné que je l'euſſe entendue. Si cette creature eſt perſuadée que j'ai dérobbé le cœur d'un Amant à ſa Maîtreſſe, comme vous dites qu'elle s'en eſt expliquée, elle peut croire en elle-même qu'elle ſe fera un merite de ſes impertinences.

C'eſt ainſi qu'on m'a forcée d'abandonner ma fidelle Hannah. Si vous pouvez lui procurer quelque place qui ſoit digne d'elle, rendez-lui ce bon office pour l'amour de moi.

LETTRE XXIV.

Miss CLARISSE HARLOVE, à Miss HOWE.
Lundy vers midi.

JE viens de recevoir la lettre que vous trouverez sous cette enveloppe. Mon frere l'emporte à préfent, sur tous les points qu'il s'eft propofés. Je vous envoye auffi une copie de ma réponfe : c'eft tout ce que je puis vous écrire à ce moment.

MISS CLARY,

Par l'ordre exprès de votre pere & de votre mere, je vous écris pour vous défendre de vous préfenter devant eux, & de paroître au Jardin lorfqu'ils y feront; ou quand ils n'y feront pas, d'y paroître autrement qu'avec Betty Barnes, si vous n'obtenez d'ailleurs quelque permiffion particuliere.

Sous peine de leur difgrace, on vous défend auffi toute correfpondance avec ce vil Lovelace; avec qui l'on fait que vous n'avez pas ceffé d'en avoir par le miniftere de votre rufée fervante, qui n'a été congediée que par cette raifon, comme il étoit convenable.

Point de correspondance avec Miſs Howe, qui s'eſt donné depuis peu de fort grands airs, & qui pourroit fort bien prêter ſon entremiſe pour votre commerce avec ce libertin ; ni en un mot avec qui que ce ſoit, ſans une permiſſion expreſſe.

Vous ne paroîtrez point devant l'un ou l'autre de vos deux oncles ſans en avoir obtenu d'eux la permiſſion. Après la conduite que vous avez tenue à l'égard de votre mere, c'eſt par un ſentiment de miſéricorde pour vous, que votre pere refuſe de vous voir.

Vous ne paroîtrez dans aucun appartement de la maiſon, où il n'y a pas long-tems que tout étoit ſoumis à votre gouvernement ; à moins que vous ne receviez ordre de deſcendre.

En un mot, vous vous tiendrez exactement renfermée dans votre chambre, à l'exception de quelques tours de jardin qu'on vous permet de faire par intervalles ; ſous les yeux de Betty, comme je vous l'ai déja déclaré. Alors on vous ordonne de vous y rendre directement, ſans vous arrêter nulle part ; c'eſt-à-dire de deſcendre & de remonter par le plus court chemin ; afin que la vûe d'une jeune créature ſi perverſe ne cau-

fe pas à tout le monde une augmentation de chagrin.

Les menaces continuelles de votre Lovelace & votre obftination inouïe vous
ferviront à expliquer la conduite qu'on
tient avec vous. Quel fruit la meilleure
de toutes les meres a-t'elle recueilli de
fon indulgence, elle qui a plaidé fi long-
tems pour vous, & qui avoit entrepris de
vous ramener au devoir, dans le tems
même que vos premieres démarches en
faifoient perdre l'efpérance à tous les autres? Quelle doit avoir été votre obftination, puifqu'une telle mere a pu fe
réfoudre à vous abandonner? Elle s'y
croit obligée, & vous ne devez plus efpérer de vous rétablir dans fes bonnes
graces qu'en faifant les premiers pas
pour revenir à la foumiffion.

Pour moi, qui fuis peut-être fort mal
dans votre efprit, mais en fort bonne
compagnie, fi cela eft; & c'eft ma confolation; j'étois d'avis qu'on vous laiffât
la liberté de fuivre vos propres inclinations (il n'eft pas befoin d'autre punition pour certains efprits) & que la maifon ne fût point embarraffée par une
perfonne dont la préfence y eft d'autant
plus fâcheufe, qu'elle a mis tout le monde dans la néceffité de l'éviter.

Si vous trouvez, dans tout ce que je viens d'écrire, quelque chofe de dur ou de rigoureux, il dépend encore de vous, mais il n'en dépendra peut-être pas toujours, d'y apporter du reméde : vous n'avez befoin que d'une parole.

Betty Barnes a ordre de vous obéir, dans tous ce qui pourra s'accorder avec l'obéiffance qu'elle doit à ceux auxquels vous en devez comme elle.

JAMES HARLOVE.

MONSIEUR,

CE que j'ai à dire uniquement, c'eft que vous devez vous féliciter vousmême d'avoir fi parfaitement réuffi dans toutes vos vûes, que vous pouvez à préfent faire de moi tous les rapports qu'il vous plaira, & que je ne fuis pas plus en état de me défendre que fi j'étois morte. Cependant j'attens de vous une faveur : c'eft de ne pas m'attirer plus de rigueurs & de difgraces qu'il n'en eft befoin pour le fuccès de vos autres deffeins, quels qu'ils puiffent être contre votre malheureufe fœur,

CLARISSE HARLOVE.

LETTRE XXV.

Miss Clarisse Harlove, à Miss Howe.
Mardi 7 de Mars.

MA derniere Lettre doit vous avoir appris comment je suis traitée, & que votre amie n'est plus qu'une pauvre prisonniere. Nul égard pour ma réputation. Tout le fond de ma cause est à présent devant vous. Croyez - vous qu'on puisse revenir de ces excès de rigueur ? Pour moi, je me persuade qu'on ne pense qu'à tenter la voie de la terreur, pour me faire entrer dans les vûes de mon frere. Toute mon espérance est de pouvoir temporiser jusqu'à l'arrivée de mon cousin *Morden*, qu'on attend bien-tôt de Florence. Cependant, s'ils sont résolus d'abréger le tems, je doute qu'il arrive assez-tôt pour me sauver.

Il paroît clairement, par la Lettre de mon frere, que ma mere ne m'a point épargnée dans le rapport qu'elle a fait de nos conférences. D'un autre côté néanmoins, elle a eu la bonté de m'informer, que mon frere avoit des vûes qu'elle souhaitoit que je pusse faire manquer. Mais elle s'étoit engagée à rendre un compte fidelle de ce qui se passeroit entre elle & moi. Elle ne pouvoit pas balancer sans doute, dans le choix d’abandonner une fille, ou de désobliger un mari & toute une famille.

Ils se figurent qu’ils ont tout gagné en congédiant ma pauvre Hannah. Mais aussi longtems que j’aurai la liberté du Jardin & de ma Basse-cour, ils se trouveront trompés. J’ai demandé à Betty si elle avoit ordre de m’observer & de me suivre ? ou si je devois avoir sa permission pour descendre, lorsque je voudrois me promener au Jardin & donner à manger à mes Bantams ?

Mon Dieu, Miss, vous voulez vous réjouir par cette question. Cependant elle m’a confessé qu’il lui étoit revenu que je ne devois pas paroître au Jardin, lorsque mon pere, ma mere, ou mes oncles y seroient. Comme il est important pour moi de savoir à quoi je dois m’en tenir, je suis descendue aussi-tôt, & j’y ai passé plus d’une heure, sans aucun obstacle, quoique j’aye employé la plus grande partie de ce tems à me promener devant le Cabinet de mon frere, où j’ai remarqué que ma sœur & lui étoient ensemble. Je ne saurois douter qu’ils ne m’ayent vue, car j’ai entendu plusieurs éclats de rire , dont je suppose qu'ils ont voulu me faire insulte. Ainsi cette partie de la contrainte où l'on me tient est sans doute un essai de l'autorité dont on a revetu mon frere. L'avenir m'en promet peut-être de bien plus mortifians.

Mardy au soir.

Depuis que j'ai écrit ce que vous venez de lire , je me suis hazardée à faire passer une Lettre par les mains de Chorey jusqu'à ma mere , avec ordre de la lui remettre en mains propres , & sans être vuë de personne. Je vais en joindre ici la copie. Vous verrez que je cherche à lui faire croire , qu'à présent qu'Hannah n'est plus dans la maison , il ne me reste aucune voie pour mes correspondances. Je suis bien éloignée de me croire irréprochable en tout. N'est-ce pas là un petit artifice , qui n'est pas trop digne de mes principes ? mais cette reflexion ne m'est venuë qu'après. La Lettre étoit déja partie.

Madame , & ma très-honorée Mere.

VOus aïant confessé que j'ai reçu de M. Lovelace des Lettres pleines de ressentiment, & que j'y ai répondu dans

la feule vue de prévenir de nouveaux
défaftres ; & vous ayant communiqué
les copies de mes réponfes , que vous
n'avez pas défaprouvées , quoi qu'après
les avoir luës vous ayez jugé à propos
de me défendre la continuation de cette
correfpondance ; je crois que mon devoir
m'oblige de vous avertir que j'ai reçu
depuis une autre Lettre , par laquelle il
demande avec beaucoup d'inftance la permiffion de rendre une vifite paifible , ou
à mon pere , ou à vous , ou à mes deux
oncles , accompagné de Mylord M . . .
Je demande là-deffus vos ordres.

Je ne vous diffimulerai pas, Madame,
que fi la défenfe n'avoit pas été renouvellée , & fi d'autres difpofitions n'a-
voient pas fait renvoyer Hannah fi fubi-
tement de mon fervice , je me ferois
hatée de faire réponfe à cette Lettre ,
pour diffuader M. Lovelace de fon deffein , dans la crainte de quelque accident dont la feule penfée me fait frémir.

Ici je ne puis retenir les marques de
ma douleur , en confiderant que toute la
peine & tout le blâme tombent fur moi,
quoiqu'il me paroiffe que j'ai fervi uti-
lement à prévenir de grands maux , &
que je n'ai été l'occafion d'aucun. Car
a-t'on pû fuppofer que je fuffe capable

de gouverner les paſſions de l'un ou de l'autre des deux adverſaires ? A la verité j'ai eu ſur l'un quelque legere influence , ſans lui avoir donné raiſon , juſqu'à préſent , de penſer qu'elle lui ait acquis le moindre droit ſur ma reconnoiſſance. Sur l'autre , Madame , qui peut ſe flatter d'en avoir aucune ?

C'eſt pour moi une peine des plus ſenſibles , de me voir dans la neceſſité de rejetter tout le mal ſur mon frere , quoique ma réputation & ma liberté ſoient ſacrifiées à ſon reſſentiment & à ſon ambition. Avec de ſi juſtes ſujets de douleur , ne m'eſt-il pas permis de parler ?

L'aveu que je vous fais , Madame , étant également reſpectueux & volontaire , j'oſe humblement préſumer qu'on n'exigera point de moi que je produiſe la Lettre. Il me ſemble que la prudence & l'honneur me le défendent , parce que le ſtyle en eſt violent. M. Lovelace ayant appris , (par d'autres voies , je vous aſſure , que par la mienne ou par celle d'Hannah) une partie des rigueurs avec leſquelles je ſuis traitée , ſe croit autoriſé à les mettre ſur ſon compte, par quelques diſcours de la même violence qui ſont échappés à quelques-uns de mes proches.

Me

Me difpenfer de lui répondre, c'eft le mettre au défefpoir & lui donner lieu de cr ire tous fes reflentimens juftifiés, quoique je fois fort éloigné d'en avoir la même opinion. Si je lui fais réponfe, & fi par confidération pour moi il prend le parti de la patience, ayez la bonté, Madame, de confidérer les obligations qu'il fe flattera de m'avoir impofé s. Je ne vous prierois pas de faire cette réfléxion, fi j'étois auffi prévenue qu'on le fuppofe en fa faveur. Mais pour vous marquer encore mieux combien je fuis éloignée de la prévention qu'on m'attribue, je vous demande en grace, Madame, de confidérer fi l'offre d'embraffer le célibat, que je vous ai faite à vous - même, & que j'exécuterai religieufement, n'eft pas après tout le meilleur moyen de nous délivrer honnêtement de fes prétentions. Renoncer à lui, fans déclarer que je ne ferai jamais à M. Solmes, c'eft lui faire conclure que dans les fâcheufes circonftances où je fuis, j'ai pris le parti de me déterminer en faveur de fon rival.

Si ces repréfentations ne paroiffent d'aucun poids, il ne refte, Madame, qu'à faire l'effai des fyftêmes de mon frere, & je me réfignerai à ma deftinée, avec toute la patience que je tâcherai d'obtenir du Ciel par mes prieres. Ainſi laiſſant tout à votre prudence, avec le ſoin d'examiner s'il convient, ou non, de conſulter mon pere & mes oncles ſur ce que je prens la liberté de vous écrire; ſi je dois répondre, ou non, à la Lettre de M. Lovelace; & par qui, dans le premier cas, ma réponſe lui doit être envoyée; je demeure, Madame, votre très-malheureuſe, mais toujours très-obéiſſante fille,

CL. HARLOVE,

Mercredi au matin.

ON m'apporte à ce moment la réponſe de ma mere. Elle m'ordonne, comme vous verrez, de la jetter au feu. Mais comme je la crois ſûrement entre vos mains, & que vous vous garderez bien de la faire voir à perſonne, ſes intentions n'en ſeront pas moins remplies. Elle eſt ſans datte & ſans adreſſe.

CLARISSE,

NE dites pas que tout le blâme & toute la peine tombent ſur vous. J'ai plus de part que vous à l'un & à l'autre,

& je fuis bien plus innocente. Lorfque votre opiniâtreté eft égale à la paffion de tout autre, ne blâmez pas votre frere. Nous avions raifon de croire qu'Hannah fervoit à vos correfpondances. A préfent qu'elle eft congédiée, & qu'apparemment vous ne pourrez plus écrire à Mifs Howe, ni elle à vous, fans notre participation, c'eft une inquiétude de moins. Je n'avois d'ailleurs aucun mécontentement d'Hannah. Si je ne le lui ai pas dit à elle-même, c'eft que je pouvois être entendue lorfqu'elle eft venue prendre congé de moi. J'ai levé la voix, pour lui recomander, dans quelque maifon qu'elle puiffe fervir, s'il s'y trouve de jeunes filles, de ne pas entrer dans leurs correfpondances clandeftines. Mais je lui ai gliffé deux guinées dans la main, & je n'ai pas été fâchée d'apprendre que vous avez été beaucoup plus libérale.

Je fuis fort embaraffée fur ce qui concerne votre réponfe à cet homme violent. Que penfez-vous, de lui voir prendre un empire de cette nature fur une famille telle que la nôtre? Pour moi, je n'ai fait connoître à perfonne que je fuffe informée de votre correfpondance. Par votre derniere hardieffe (c'en eft une

bien étonnante, Clary ! d'avoir osé continuer devant M. Solmes un sujet que j'a-
vois été forcée d'interrompre) vous m'a-
fait craindre que pour votre défense vous
ne fussiez capable d'alléguer que j'ai
autorisé vos correspondances secrétes, &
d'augmenter par conséquent la petite al-
tércation qui est entre votre pere & moi.
Vous étiez autrefois toute ma consolation. Vous m'aidiez à supporter mes peines. Aujoud'hui ! . . . . Mais je vois que
rien n'est capable de vous ébranler, & je
ne vous en parlerai plus. Vous êtes à
présent sous la discipline de votre pere.
Il ne se laissera pas donner la loi, ni fléchir par des prieres.

J'aurois été bien aise de voir la Lettre
dont vous me parlez, comme j'ai vû toutes les autres. L'honneur & la prudence,
dites-vous vous défendent de me la montrer. O Clarisse ! vous recevez donc des
Lettres que l'honneur & la prudence ne
vous permettent pas de montrer à une
mere ! Mais il ne me convient pas de la
voir, quand vous seriez disposée à me
l'envoyer. Je ne veux pas être de votre secret. Je ne veux pas savoir que vous en-
treteniez des correspondances. Et pour
ce qui regarde la réponse, suivez vos
propres lumieres. Mais qu'il sache au

moins que c'eſt la derniere fois que vous lui écrirez. Si vous lui faites une répon- ſe, je ne veux point la voir. Cachetez-là, ſi vous en faites une. Vous la donne-rez à Chorey; & Chorey . . . . . Mais ne croyez pas que je vous permette d'écri-re.

Nous ne voulons entrer dans aucunes conditions avec lui, & l'on ne conſentira pas non plus que vous y entriez. Votre pere & vos oncles ne ſeroient pas maîtres d'eux-mêmes s'ils le voyoient à leur por-te. Quelle raiſon avez-vous de vouloir l'obliger, en renonçant à M. Solmes? Ce renoncement ne ſerviroit-il pas au con-traire à nourrir ſes eſpérances; & tandis qu'il en conſervera, ſerons-nous jamais délivrés de ſes inſultes? Quand il y au-roit quèlque reproche à faire à votre fre-re, c'eſt un mal invincible; & le devoir permet-il à une ſœur d'entretenir des correſpondances, qui mettent la vie de ſon frere en danger? Mais votre pere a mis ſon propre ſceau à l'averſion de vo-tre frere. C'eſt à préſent l'averſion de votre pere, celle de vos oncles, la mien-ne, & celle de tout le monde. Qu'im-porte la ſource?

A l'égard du reſte, votre obſtination m'a ôté le pouvoir de rien entreprendre

en votre faveur. Votre pere se charge
de toutes les suites. Ce n'est plus à moi
par conséquent qu'il faut vous adresser. Je veux me réduire à la simple qualité d'observatrice ; heureuse ! si je pouvois l'être avec indifférence. Tandis que
j'avois quelque pouvoir, vous ne m'a-
vez pas permis d'en faire l'usage que j'aurois souhaité. Votre tante a été forcée de
s'engager à ne se mêler de rien, sans la
participation de votre pere. Attendez-
vous à de rudes épreuves. Si vous avez
quelque faveur à espérer, ce ne peut être
que de la médiation de vos oncles ; & je
les crois même aussi déterminés que les
autres ; car ils ont pour principe (hélas !
ils n'ont jamais eu d'enfans !) qu'une fille, qui, dans l'article du mariage, ne se
gouverne point par l'avis de ses parens,
est une créature perdue.

Gardez-vous qu'on vous trouve cette
Lettre. Brûlez-là. Elle se sent trop de la
tendresse d'une mere, pour une fille,
dont l'obstination ne peut être justifiée.

Ne m'écrivez plus. Je ne puis rien
faire pour vous. Mais vous pouvez tout
pour vous-même.

Revenons, ma chere, à mon trifte récit. Après cette Lettre, vous vous imaginez bien que je n'ai pas dû me promettre beaucoup d'effet d'une tentative directe auprès de mon pere. Cependant
j'ai crû qu'il étoit convenable de lui écrire, ne fut - ce que pour me rendre témoignage à moi-même, que je n'ai rien
négligé. Voici ma Lettre.

» Je n'ai pas la préfomption de vou-
» loir entrer en difpute avec mon pere.
» J'implore feulement fa bonté & fon
» indulgence, fur un point d'où mon
» bonheur dépend pour cette vie, &
» peut - être pour l'autre. Je le fupplie
» de ne pas faire un crime à fa fille, d'u-
» ne averfion qu'il lui eft impoffible de
» furmonter. Je le conjure de ne pas
» permettre que je fois facrifiée à des
» projets & à des poffibilités éloignées.
» Je me plains du malheur que j'ai d'ê-
» tre bannie de fa préfence, & prifon-
» niere dans ma chambre. Sur tout au-
» tre point, je lui promets un refpect
» aveugle & une réfignation parfaite à
» toutes fes volontés. Je répéte l'offre
» de me borner au célibat, & je ne
» crains pas de le prendre à témoin lui-
» même, que je n'ai jamais donné fujet

>> de soupçonner ma fidélité. Je deman-
>> de en grace qu'il me soit permis de
>> paroître devant lui & devant ma mé-
>> re, & de les avoir tous deux pour Ju-
>> ges de ma conduite ; faveur d'autant
>> plus chere pour moi, que j'ai trop de
>> raisons de croire qu'on me dresse des
>> piéges, & qu'on employe l'artifice
>> pour tirer avantage de mes discours,
>> pendant que je n'ai pas la liberté de
>> parler pour ma défense. Je finis, avec
>> l'espérance que les instigations de mon
>> frere ne feront pas perdre à une mal-
>> heureuse fille la tendresse & la bonté
>> de son pere.

Il faut vous faire part aussi de la cruelle
réponse. Elle m'a été envoyée ouverte,
quoique par les mains de Betty Barnes,
qui m'a fait connoître à son air qu'elle
n'en ignoroit pas le fond.

Mercredi.

JE vous écris, fille perverse, avec toute l'indignation que votre désobéissance mérite. Demander le pardon de votre faute, avec la résolution d'y persé-
vérer ; c'est une hardiesse insuportable &
sans exemple. Est-ce mon autorité que
vous bravez ? Vos réfléxions injurieuses

contre un frère, qui fait l'honneur de la famille, méritent mon plus vif ressenti-ment. Je vois combien vous faites peu de cas des devoirs du sang, & j'en devine facilement la cause. J'ai peine à supporter les réfléxions que cette idée offre d'elle-même. Votre conduite à l'é-gard d'une mere trop tendre & trop indulgente . . . Mais la patience m'échappe. Continuez, fille rébelle, de vivre loin de mes yeux, jusqu'à ce que vous ayez appris à vous conformer à mes volontés. Ingrate créature! votre Lettre n'est qu'un reproche de mon indulgence passée. Ne m'écrivez plus, que vous ne sachiez mieux ce que vous faites, & que vous n'ayez reconnu ce que vous devez à un pere justement irrité.

Cette furieuse Lettre étoit accompagnée d'un Billet de ma mere, ouvert aussi & sans adresse. Ceux qui prennent tant de peine à liguer tout le monde contre moi, l'ont obligée apparemment de rendre témoignage contre sa malheuse fille. Mais ce qu'elle m'écrit n'étant qu'une répétition de ce qu'elle m'a dit de plus dur dans nos conférences, il est inutile de vous fatiguer par des redites. J'ajouterai seulement qu'elle donne aussi

des louanges à mon frere, & qu'elle me
blâme de parler si librement de lui.

LETTRE XXVI.

Miss Clarisse Harlove, à Miss Howe.

Jeudi matin, 9. Mars.

M. Lovelace ne se rebute pas de mon
silence. J'ai reçu de lui une autre
Lettre, quoique je n'aye pas répondu à
la précédente.

Quelque moyen que cet homme ait
l'art d'employer, il est instruit de tout
ce qui se passe dans notre famille. Ma
prison, le départ d'Hannah, plusieurs
circonstances, que j'ignore moi même,
du ressentiment & des résolutions de mon
pere, de mes oncles & de mon frere, il
est informé de tout, au moment que les
choses arrivent. Ce n'est point par de
bonnes voyes, ma chere, qu'il peut se
procurer ces informations.

Son inquiétude paroît extrême. Il
me parle de sa passion pour moi, & de
son ressentiment contre ma famille dans
les termes les plus ardens. Il me presse
beaucoup de lui engager ma parole que

je ne ferai jamais à M. Solmes. Je crois qu'honnêtement je puis lui faire cette promeffe.

Il me prie ″ de ne pas croire qu'il ″ cherche à fe faire un mérite aux dé- ″ pens d'autrui , puifqu'il fe propofe ″ d'obtenir mon cœur par le fien ; ni ″ qu'il penfe à m'attirer dans fes inté- ″ rêts par la crainte. Mais il déclare que ″ le traitement qu'il reçoit de ma famil- ″ le eft fi infuportable , que tous fes ″ amis , fans excepter Mylord M . . . & ″ & fes deux tantes , lui reprochent per- ″ pétuellement de ne pas s'en reffentir ; ″ & s'il a le malheur, dit-il , de ne re- ″ cevoir de moi aucun fujet d'efpéran- ″ ce , il ne peut me répondre des extrê- ″ mités où fon défefpoir eft capable de ″ le porter.

Il ajoute ″ qu'à la vérité fes proches , ″ furtout les Dames , lui confeillent d'a- ″ voir recours aux Loix ; mais quel ″ moyen, pour un homme d'honneur , ″ de répondre par cette voye à des in- ″ jures verbales , de la part de gens qui ″ ont droit de porter une épée ?

Vous voyez , ma chere , que ce n'eft pas fans raifon que ma mere appréhende comme moi quelque nouveau malheur, & qu'elle m'a offert indirectement le mi-

niſtére de Chorey pour porter ma réponſe.

Il s'étend beaucoup ſur les ſentimens
de bonté, dont les Dames de ſa famille
ſont remplies pour moi. Je n'en ſuis pas
connuë perſonnellement, excepté de
Miſs Patty Montaigu, que je me ſou-
viens d'avoir vûë une fois chez Madame
Knolly. Il eſt naturel, je m'imagine, de
chercher à ſe faire de nouveaux amis, à
proportion qu'on voit baiſſer l'affection
des anciens. Mais j'aimerois mieux paroître aimable aux yeux de ma propre
famille & aux vôtres, qu'à ceux de l'U-
nivers entier. Cependant les quatre Dames de ſa famille ont une réputation ſi
bien établie, qu'il doit être agréable
pour tout le monde d'avoir quelque part
à leur eſtime. N'y auroit-il pas quelque
moyen, par l'entremiſe de Madame
Fortefcue, ou par celle de M. Hickman, qui connoît Mylord M . . . . de
s'informer (ſecrétement néanmoins) quelle eſt leur opinion ſur les circonſtances
préſentes, & ſur le peu d'apparence qu'il
y a déſormais, que l'alliance qu'elles
ont autrefois approuvée puiſſe réuſſir.
De mon côté, aſſûrement, je n'ai pas
aſſez bonne opinion de moi-même pour
m'imaginer qu'elles puiſſent ſouhaiter de

voir perſévérer leur neveu dans ſes vûës,
malgré tantde rebuts & de mépris : Non
que je prenne beaucoupd'intérêt aux con‑
ſeils qu'elles peúvent lui donner là-deſſus:
Mais il ſemble que Mylord ayant ſigné
ſa Lettre précédente, & toute leur fa‑
mille me faiſant aſſûrer de leur amitié,
je ne dois pas être mal dans leur eſprit.
Je ne ſerois pas fâchée que ces aſſûran‑
ces fuſſent confirmées par quelque per‑
ſonne indifférente ; d'autant plus qu'ils
mettent, comme on le ſait , un fort haut
prix à leur alliance, à leur fortune & à
leur nobleſſe, & qu'ils ſe plaignent,
avec raiſon, d'être compris dans le trai‑
tement que M. Lovelace a reçu de ma
famille.

Juſqu'à préſent, la curioſité eſt mon
ſeul motif ; & je me promets bien de
n'en avoir jamais de plus fort, malgré
les prétendus battemens de cœur dont
vous m'avez ſoupçonnée : ouï , ma che‑
re ; quand il y auroit moins de reproche
à lui faire qu'il n'y en a effectivement.

J'ai fait réponſe à ſes Lettres. S'il me
prend au mot, ma curioſité n'aura pas
beſoin d'être ſi vive, pour ſavoir ce que

ſes parens penſent de moi, quoiqu'il
ſoit toujours fort doux d'être eſtimée des
honnêtes gens. Voici la ſubſtance de ma
reponſe.

>> Je lui marque mon étonnement,
„ de le voir ſi bien & ſi tôt informé de
„ tout ce qui ſe paſſe ici. Je l'aſſûre que
„ quand M. Lovelace ne ſeroit pas au
„ monde, je ne ſerois jamais à M. Sol-
„ mes. Je lui dis que rendre, comme
„ j'apprens qu'il le fait, défis pour dé-
„ fis à mes proches, c'eſt me donner
„ une fort mauvaiſe marque de ſa po-
„ liteſſe, & de la conſidération qu'il
„ prétend avoir pour moi ; que ſi j'ap-
„ prens qu'il ſe préſente à la porte d'au-
„ cun de mes parens, pour leur rendre
„ une viſite ſans leur conſentement, je
„ prendrai la ferme réſolution de ne le
„ voir de ma vie, ſi je puis l'éviter.

Je lui apprens qu'on a fermé les yeux
ſur l'envoi de ma Lettre (quoique perſonne n'ait vû ce qu'elle contient) à condition que ce ſera la derniere qu'il rece-
vra jamais de moi ; que s'il veut ſe le
rappeller, il m'a entendu dire plus d'une
fois, avant même que M. Solmes eut été
préſenté à notre famille, que mon inclination me portoit au célibat ; que M.
Wyerley & d'autres prétendans peuvent

lui rendre témoignage que c'étoit mon choix avant que je l'eusse connu lui-même ; que rien n'auroit été capable de m'engager à lui écrire sur le sujet présent, si je n'avois crû reconnoître qu'il en avoit usé assez généreusement avec mon frere, & qu'il n'avoit pas été bien traité par mes amis : que dans la supposition même, qu'ils eussent embrassé ses intérêts, & que jeusse pû renoncer à mes projets de célibat, j'aurois eu de grandes objections à former contre lui, & je les lui aurois déclarées naturellement, si j'avois reçu ses assiduités sur un autre pied que les visites ordinaires. Enfin, je lui déclare que par toutes ces raisons, j'espére que la seule Lettre que je veux bien recevoir de lui sera la derniere, & que je ne l'attens que pour y apprendre qu'il se rend à mes désirs ; du moins jusqu'à des conjectures plus heureuses.

J'ai crû devoir ajoûter cette restriction, pour ne le pas pousser tout-à-fait au désespoir. Mais s'il me prenoit réellement au mot, je serois délivré en effet d'un de mes persécuteurs.

Je vous ai promis de vous abandonner toutes ses Lettres & mes réponses. Je renouvelle ma promesse, & cette raison m'empêche de donner plus d'étendue à mes extraits. Mais je ne puis assez répéter combien je souffre, de la nécessité où je suis de répondre aux Lettres d'un homme dont je n'ai jamais eu dessein d'encourager les prétentions, & contre lequel j'ai mille choses à objecter ; surtout à des Lettres qui ne respirent qu'une ardente passion, accompagnée d'un air d'espérance. Car, ma chere, vous n'avez jamais connu d'homme si hardi dans ses suppositions. Il ressemble aux Commentateurs, qui trouvent, dans leur original, des beautés auxquelles l'Auteur n'a peut-être pas songé. De même, il me remercie souvent, dans les termes les plus vifs, de diverses faveurs, & d'une considération que je n'ai jamais pensé à lui accorder ; de sorte que je suis quelquefois obligée de donner leur véritable explication à de prétendues bontés, que je n'aurois pû lui marquer sans m'avilir à mes propres yeux.

En un mot, ma chere, c'est un cheval rétif, qui fatigue la main, qui disloque le bras pour le tenir en bride ; & lorsque vous verrez ses Lettres, il ne faut pas croire que vous en puissiez porter de jugement sans avoir lû mes réponses. Si vous n'observez pas cette précaution, vous aurez souvent l'occasion de reprocher à votre amie des illusions d'amour propre & des *battemens* de cœur. Cependant, cet animal contradictoire se plaint, dans d'autres tems, que je marque aussi peu de bonté pour lui, & que mes amis lui portent autant de haine, que s'il avoit été l'agresseur, ou que si la catastrophe avoit été aussi fatale qu'on pouvoit le craindre.

Que direz-vous d'un homme qui semble affecter successivement de se plaindre de ma froideur, & de se réjouir de mes faveurs imaginaires ? Si le but de cette conduite étoit, tantôt de me faire acquiescer à ses remercimens, tantôt de m'inspirer plus de sensibilité pour ses plaintes;& si cette contradiction n'est pas l'effet de sa légéreté & de son étourderie; je le regarderai comme un des plus profonds & des plus artificieux mortels qu'on ait jamais connus, exercé peut-être au même dégré dans ses dangéreuses pratiques; & si jamais j'en étois sûre, je le haïrois, s'il est possible, encore plus que je ne hais Solmes.

Mais c'est assez parler aujourd'hui de cette inexplicable créature.

LETTRE XXVII.

Miss Howe, à Miss Clarisse Harlove.

Jeudi au soir, 9 de Mars.

JE ne puis penser sans impatience à aucun des visages avec lesquels vous êtes condamnée à vivre. Je ne sais quel conseil vous donner. Etes-vous sûre que vous ne méritez pas d'être punie pour avoir empêché, quoiqu'à votre grand malheur, l'exécution du Testament de votre grand-pere? Les Testamens sont des choses sacrées, mon enfant. Vous voyez que vos gens le pensent eux-mêmes, eux qui se croyent blessés par la distinction avec laquelle vous êtes traitée dans un Testament.

Je vous passe tous les nobles raisonnemens qui ont servi alors à vous déterminer. Mais puisqu'un si charmant & si généreux exemple de respect filial est si mal récompensé, pourquoi ne reprendriez vous pas vos droits?

Votre grand-pere connoissoit le vice de sa famille. Il sçavoit aussi quelle est la noblesse de vos inclinations. Peut-être

lui-même (pardon , ma chere) a t'il fait
trop peu de bien pendant fa vie ; & c'eft
par ce motif qu'il a mis entre vos mains
de quoi réparer fa faute & celle de tous
fes enfans. A votre place, je reprendrois
ce qu'il vous a laiffé. Je vous jure que je
n'y manquerois pas.

Vous me direz que vous ne le pouvez,
tandis que vous êtes avec eux ? C'eft ce
qu'il faut voir. Croyez - vous qu'ils en
puiffent ufer plus mal qu'il ne font avec
vous ? D'ailleurs n'eft-ce pas votre droit ?
Et n'abufent-ils pas de votre propre générofité pour vous opprimer? Votre oncle
Harlove eft un des deux exécuteurs tef-
tamentaires ; votre coufin Morden eft
l'autre ; infiftez fur votre droit avec votre
oncle ; écrivez à votre coufin. J'ofe vous
promettre que vos perfécuteurs change-
ront bien-tôt de conduite.

Votre infolent frere, à quel titre ofe-
t'il vous chagriner ? Si j'étois fa fœur (je
voudrois l'être pour un mois, & pas plus
long-tems) je lui apprendrois bien - tôt
à vivre. Je m'établirois dans la demeure qui m'appartient , pour y exécuter mes charmans fyftêmes , & rendre
tout le monde heureux autour de moi.
Je me donnerois un caroffe. Je verrois
ma famille quand elle s'en rendroit di-

gne. Mais lorſque mon frere & ma ſœur
prendroient de airs trop hauts, je leur ferois connoître que je ſuis leur ſœur & non
leur ſervante ; & ſi cette déclaration ne
ſuffiſoit pas, je leur fermerois ma porte
au nez, & je leur dirois de ſe tenir compagnie l'un à l'autre.

Il faut convenir néanmoins que cet
excellent frere & cette aimable ſœur,
jugeant des choſes comme il convient à
de petits eſprits, tels qu'il le ſont tous
deux, ont quelque raiſon de vous traiter
ſi mal. En mettant à part, l'amour mépriſé d'un côté, & l'avarice de l'autre,
quelle mortification n'a-ce pas été long-
tems pour eux de ſe voir éclipſés par une
ſœur cadette ? Un ſoleil ſi éclatant dans
une famille, entre des lumieres ſi foibles !
Comment l'auroient - ils pû ſupporter ?
Entr'eux, ma chere, ils ont dû vous regarder comme un prodige ; & les prodi-
ges, comme vous ſavez obtiennent bien
notre admiration, mais ne s'attirent jamais notre amour. La diſtance entre
vous & eux eſt immenſe. Votre lumiere
leur bleſſe les yeux. Quelle ombre le
plein jour de votre mérite ne doit-il pas
jetter ſur eux ? Eſt-il donc bien étonnant
qu'ils embraſſent la premiere occaſion de
vous rabaiſſer, s'ils le peuvent, à leur
niveau ?

Attendez-vous, ma chere, à vous voir preffée de plus en plus de ce côté-là, à proportion qu'on vous trouvera difpofée à le fouffrir.

A l'égard de cet odieux Solmes, je ne fuis pas furprife de votre averfion pour lui. Elle me paroît fi fincére, qu'il eft inutile de rien dire qui puiffe fervir à l'augmenter. Cependant, qui peut réfifter à fes propres talens? Un des miens, comme je vous l'ai déja dit, eft de peindre les laides reffemblances. Lâcherai-je la bride à mon pinceau? Oui ; car je veux juftifier votre antipathie par l'opinion que j'ai du perfonnage, & vous faire connoître auffi que j'approuve, & que j'approuverai toujours avec admiration, la fermeté de votre caractére.

Je me fuis trouvée deux fois dans fa compagnie: & je me fouviens qu'une des deux, votre Lovelace y étoit auffi. Il n'eft pas befoin de vous dire, malgré votre jolie *curiofité* (qui n'eft pourtant, comme vous favez, qu'une *curiofité* toute fimple) la différence infinie qui eft entr'eux.

Lovelace amufa la compagnie, avec fa gayété ordinaire, & fit rire tout le monde par fes récits. C'étoit avant que cette énorme créature eut été propofée pour vous. Solmes rît aussi. Mais ce fut d'une maniere de rire qui lui est propre; car je m'imagine que les trois premiéres du moins, de ses années, n'ont été que des cris continuels; & ses muscles n'ont jamais pû se remonter au ton de rire ordinaire. Son soûrire (je doute que vous l'ayez jamais vû soûrire , ou du moins que vous lui en ayez jamais donné sujet) Son soûrire, dis-je, est si peu naturel aux traits de son visage, qu'on le prendroit pour la grimace d'un furieux ou d'un fou.

J'attachai mon attention sur lui , comme je fais toûjours sur ces Seigneurs de nouvelle création, pour me réjouir de leurs singularités. En vérité, je fus dégoûtée , jusqu'au point d'en être choquée Mais je me rappelle d'avoir pris plaisir particuliérement , à voir retomber cette épaisse physionomie dans son état naturel; quoique lentement , comme si les muscles qui avoient servi à ses contorsions eussent tourné sur des gonds rouillés.

L'amour même ne seroit-il pas horrible, de la part d'un tel mari ? Pour moi, si j'étois sa femme (mais qu'ai-je fait à moi-même, pour m'occuper un moment de cette supposition ?) je ne connoîtrois

de plaifir que dans fon abfence, ou lorfque j'aurois occcafion de le quereller,
Une femme vaporeufe, qui a befoin de
quelqu'un fur qui elle puiffe exercer fes
caprices, pourroit s'accomoder d'une figure fi révoltante ; & cette feule raifon,
qui mettroit tous les domeftiques à couvert de fa mauvaife humeur, ferviroit
peut-être à leur faire benir leur maître.
Mais pour peu qu'une femme eut de
délicateffe, quelle honte n'auroit-elle pas
de fe furprendre jamais dans le moindre
deffein de l'obliger.

C'en eft affez pour fa figure. Du côté
de fon autre moitié, il paffe pour le plus
rampant de tous les mortels, lorfqu'il
efpére de gagner quelqu'un par cette
voye : infolent d'ailleurs, pour ceux
qu'il n'a pas d'intérêt à ménager. N'eft-
ce pas le véritable caractére d'une ame
baffe & fans honneur ? On affûre qu'il
eft méchant, vindicatif ; & que s'il eft
défobligé par quelqu'un, fa haine em-
braffe toute un famille. Mais c'eft particuliérement contre la fienne, que fa mauvaife volonté s'exerce. On m'a dit qu'entre tous fes parens, il n'y en a pas un
d'auffi méprifable que lui. C'eft peut-
être la raifon qui le fait penfer à les des-
hériter tous.

Ma femme de chambre, qui eſt pa-
rente d'un de ſes gens, me raconte qu'il
eſt haï de tous ſes fermiers, & qu'il n'a
jamais eu un domeſtique qui ait dit du
bien de lui. Comme il les ſoupçonne de
le tromper, parce qu'il juge d'eux apparemment par lui-même, il en change
continuellement. Ses poches, dit-on,
ſont ſans ceſſe chargées de clés ; de ſorte
que s'il a quelqu'un à traiter (pour des
amis il n'en a que dans votre famille) il
eſt une heure à trouver celle dont il a
beſoin ; & ſi c'eſt du vin qu'il lui faut,
il le va toujours chercher lui-même. Au
reſte, ce n'eſt pas un embarras qu'il ait
fort ſouvent ; car il ne reçoit pas d'autres
viſites que celles qu'il doit à la néceſſité.
Un homme d'honneur aimeroit mieux
paſſer la nuit dehors, que de prendre un
lit dans ſa maiſon.

Et voilà néanmoins l'homme qu'on a
choiſi, par des vûes auſſi ſordides que
les ſiennes, pour en faire le mari, c'eſt-
à-dire, le ſeigneur & le maître de Clariſſe Harlove.

Mais peut-être n'eſt-il pas auſſi mé-
priſable qu'on le repréſente. Il eſt rare
qu'on faſſe une peinture bien juſte des
caractéres extrêmement bons ou extrêmement mauvais. La faveur exalte

les

les uns, & la haine déprime les autres. Mais votre oncle Antonin a dit à ma mere, qui lui objectoit son avarice, qu'on se propose de le lier en votre faveur. Un bon lien de chanvre lui conviendroit bien mieux que celui du mariage. Mais n'est-ce pas une marque que ses protecteurs mêmes le regardent comme une ame basse, puisqu'ils croyent avoir besoin de le brider par des articles ? Sur quoi, ma chere ? Peut être sur votre nécessaire. Mais je suis bien bonne de m'arrêter si long-tems à cet odieux portrait. Vous ne devez pas être à cet homme-là : voilà ce qui est clair à mes yeux . . . . quoique la maniere de l'éviter ne le soit pas tant ; à moins que vous ne vous établissiez dans l'indépendance à laquelle vous avez droit.

Ma mere est venuë m'interrompre; elle a voulu voir ce que j'avois écrit. J'ai eu l'impertinence de lui lire le portrait de votre Solmes.

Elle est convenuë » que cet homme n'est » pas extrêmement propre à inspirer des » sentimens ; qu'il n'a pas les dehors des » plus heureux. Mais qu'est-ce que la fi-

» gure dans un mari? Et tout de suite, elle m'a grondée, de vous soutenir dans votre réfiftance aux volontés d'un pere. Delà, on eft paffée à me faire une bonne leçon fur la préférence que mérite un homme capable de remplir fes devoirs extérieurs & domeftiques, par oppofition à des prodigues & à des libertins : fujet très-utile, fans doute, foit que les applications foient juftes ou qu'elles ne le foient pas. Mais pourquoi ces fages parens, en difant trop de mal des perfonnes qui leur déplaifent, mettent-ils les gens dans le cas de les défendre ? Lovelace n'eft pas un prodigue. Il n'a pas d'obligations qu'il ne rempliffe au dehors ; quoique véritablement je le croye affez libertin. Et puis, après nous avoir pouffées à rendre une juftice des plus fimples, on ne manque point de nous accufer de prévention. Et delà vient le défir, qui n'eft d'abord qu'une pure *curiofité*, de favoir ce que les amis d'un homme penfent de nous ; d'où naît enfuite, affez probablement, une diftinction, une préférence, ou quelque fentiment de cette nature.

Ma mere m'a commandé de récrire du moins cette page. Mais vous me pardonnerez, s'il vous plaît, ma bonne maman. Il eft vrai, ma chere, que je ne

voudrois pas avoir perdu ce caractére
pour tout au monde, parce qu'il eſt ſorti
naturellement de ma plume. Je n'ai jamais
rien écrit d'agréable pour moi-même,
qui ne l'ait été auſſi pour vous. La raiſon en eſt toute ſimple ; c'eſt qu'entre
vous & moi nous n'avons qu'une ame,
avec cette ſeule difference, que vous me
ſemblez quelquefois un peu trop grave,
& que je vous paroîs ſans doute un peu
trop éveillée.

C'eſt probablement cette difference de
nos caracteres qui fait que nous nous
aimons ſi parfaitement l'une l'autre,
que, pour me ſervir des termes de Nor-
ris, *Il ne peut naître de troiſiéme amour en-*
tre deux. Chacune de nous ayant quelque choſe qui manque aux yeux de l'autre, & chacune néanmoins aimant aſſez
l'autre pour ſouffrir qu'elle lui en diſe
ſon avis ; ou plutôt, peut-être aucune
des deux ne ſouhaitant de s'en corriger ;
cette diſpoſition écarte une ſorte de ri-
valité qui pourroit exciter dans l'une &
dans l'autre un peu d'humeur ſecrette,
& la tourner par degrés en envie, qui
deviendroit à la fin haine ou mauvaiſe
volonté. Si le cas eſt tel que je le dis,
ma chere, je ſuis d'avis que chacune
garde ſon défaut & qu'elle en tire le

meilleur parti qu'elle pourra. Le naturel ne plaide-t-il pas en notre faveur? Nommez-moi des Heros ou des Heroïnes, qui soient jamais parvenus à vaincre un défaut naturel; les uns l'avarice; d'autres la gravité, comme dans ma meilleure amie; d'autres l'étourderie, comme dans celle qu'il est inutile que je nomme.

Je dois vous avertir, ma chere, que je n'ai pû me dispenser de satisfaire la curiosité de ma mere (car vous n'êtes pas la seule qui ait de la *curiosité*) ni même de lui laisser voir de tems en tems quelques pages de vos propres Lettres.

On m'interrompt ici. Mais je reprendrai bien-tôt la plume, pour vous raconter ce qui s'est passé, à cette occasion, entre ma mere & moi. Le détail en est d'autant plus interessant, qu'elle faisoit tomber ses reflexions tout à la fois, sur sa fille, sur Hickman son favori, & sur votre Lovelace.

Voici le recit auquel je me suis engagée. » Je ne saurois disconvenir, m'a- » t'elle dit, qu'il n'y ait quelque chose » d'un peu dur dans le cas de Miss Har-

>> love ; quoiqu'il soit bien fâcheux aussi,
>> comme le dit sa mere, qu'une fille,
>> dont l'obéissance s'est toujours fait
>> admirer sur les moindres points ,
>> s'oppose à la volonté de ses Parens
>> dans le point essentiel. Mais , pour
>> rendre justice aux deux parties, si
>> l'on ne peut s'empêcher de plaindre
>> Miss Harlove , & de reconnoître que
>> l'homme qu'on la presse de recevoir
>> n'a pas l'espece de mérite qu'une ame
>> aussi délicate que la sienne peut sou-
>> haitter raisonnablement dans un Mari,
>> n'est-il pas vrai aussi que cet homme
>> est préférable à un libertin , qui s'est
>> battu , d'ailleurs , en duel avec son
>> frere ? C'est ce que les peres & meres
>> doivent penser, quand on retrancheroit
>> même cette circonstance. Il seroit bien
>> étrange qu'ils ne sussent pas ce qui
>> est le plus convenable à leurs enfans.

Oui , ai-je répondu en moi même , ils
doivent l'avoir appris par leur propre
experience , si de petites vûes sordides ne
leur donnent pas en faveur d'un homme
la même prévention qu'ils reprochent à
leurs filles en faveur d'un autre ; & s'il
n'y a pas quelque oncle bizarre , un oncle Antonin , qui fortifie cette prévention , comme il ne l'inspire que trop à

ma mere : pauvre petit efprit, rampant d'un côté, abfolu de l'autre, eft-ce à lui de raifonner fur les devoirs des enfans à l'egard des peres, fans avoir appris ce que les peres doivent auffi à leurs enfans ? Mais c'eft votre mere, fouffrez que je le dife, qui a gaté les trois freres par des excès mal entendus de douceur & de complaifance.

Vous voyez, a continué la mienne, » que je tiens, ma fille, une conduite » bien differente avec vous. Je vous ai » propofé un homme du caractere le » plus doux & le plus poli, comme » le plus fage & le plus reglé :

Je n'ai pas une trop grande idée, ma chere, du jugement de ma mere fur ce qui eft *le plus poli*. Elle juge de l'honnête Hickman pour fa fille, comme je fuppofe qu'elle auroit fait il y a vingt ans pour elle même. Hickman me paroît de cette trempe un peu furannée ; j'entens pour le caractere : trop manieré, ma chere, trop formalifte, comme vous en conviendrez vous même.

» D'excellente famille, a continué ma » mere ; riche, en biens clairs & qui » peuvent encore augmenter (c'eft une confideration, comme vous voyez, qui eft auffi d'un grand poids fur l'efprit de ma mere). » Je vous prie, je vous de-

» mande en grace de l'encourager ; ou
» du moins, de ne pas prendre droit
» de fon attachement & de fa foumif-
» fion pour le faire fouffrir.

Oui vraiment ! lui marquer de la bonté, afin qu'il prenne bientôt avec moi
des airs familiers. Il faut tenir cette forte
d'hommes à une jufte diftance de foi ; c'eft
mon avis.

» Cependant j'aurai bien de la peine
» à vous faire entrer là-deffus dans mes
» fentimens. Que diriez-vous fi je vous
» traitois, comme Mifs Harlove eft trai-
» tée par fon pere & par fa mere ?

» Ce que je dirois, Madame ? La ré-
» ponfe eft aifée. Je ne dirois rien.
» Croyez-vous qu'un tel traitement, à
» l'égard d'une jeune perfonne de ce
» mérite, ne foit pas infupportable ?

» Doucement, *Nancy*, doucement.
» Vous n'avez entendu qu'une Partie ;
» & n'en fallut-il juger que par quel-
» ques endroits de fes Lettres que vous
» m'avez lûs, il me femble qu'il y a
» quelque chofe à redire. Ce font fes Pa-
» rens, après tout. Ils doivent favoir ce
» qui lui convient. Mifs Clariffe Harlove,
» toute charmante qu'elle eft, doit avoir
» fait ou dit quelque chofe qui les
» porte à la traiter fi mal ; car vous

>> favez quelle tendreffe ils avoient pour
>> elle.

>> Mais s'il eft vrai qu'elle foit fans
>> reproche, Madame, combien ne font-
>> ils pas condamnables dans votre pro-
>> pre fuppofition ?

Enfuite eft venu >> le bien immenfe
>> de M. Solmes, fon habileté à le mé-
>> nager. (J'ai été fâché de voir arriver
fitôt cette derniere reflexion. Comme on
fe porte, ai-je dit, à prendre la défenfe
de ceux qui aiment l'argent, quand on
ne ne le hait pas foi-même ! Cependant,
pour la générofité, ma mere eft une Reine en comparaifon de Solmes)

>> Ne fait-on pas quels font les étran-
>> ges effets de la prévention en amour,
>> dans le cœur des jeunes perfonnes ?

Je ne comprends pas, ma chere, pourquoi l'on prend plaifir à fuppofer toujours
de l'amour aux gens. La *curiofité* produit
d'autres *curiofités*. Voilà tout, je m'imagine.

Elle s'eft étenduë de fort bonne foi fur
la perfonne de M. Lovelace & fur fes
qualités naturelles & acquifes. Mais elle
eft revenue à dire qu'une fille en devoit
juger par les yeux d'une mere, & non
par les fiens. Cependant elle n'a fû que
répondre à l'offre que vous faites de vous

réduire au celibat , & de rompre avec
lui : fçavoir, à t'elle dit , *fi, fi* (en faifant
trois ou quatre fi d'un feul) *fi* l'on peut
s'y fier.

Mais *l'obéiffance fans réferve* . fans aucun égard aux raifons , eft le refrain de
la chanfon de ma mere ; & l'application ,
ma chere , me regarde comme vous.

Je reconnois volontiers que l'obéiffance aux Parens eft un devoir du premier
ordre. Mais je benis le Ciel de n'être pas
expofée aux mêmes épreuves. Il eft aifé
pour tout le monde de faire fon devoir ,
lorfqu'on n'eft pas pouffé à s'en écarter.
Mais peu de jeunes perfonnes , avec le
pouvoir de fecouer honnêtement le joug ,
feroient capables de votre patience.

La crainte de vous offenfer me fait
rej tter tout ce qui fe préfente à mon efprit fur la conduite que votre pere , vos
oncles & tout le refte de vos parens, tiennent avec vous.

Mais je commence à prendre une haute
idé de ma pénétration, en confidérant que
je ne me fuis jamais fenti d'amitié fincere
que pour vous, dans toute votre famille.
Je ne fuis pas faite pour aimer ces gens-
là. La fincerité eft un devoir à l'égard de
nos amis ; c'eft l'excufe qu'Anne Howe
peut apporter à Mifs Clariffe Harlove.

Cependant j'aurois dû excepter votre mere, qui est une femme respectable, &
qui mérite à présent de la compassion.
Comment doit-elle avoir été traitée,
pour se trouver si misérablement subju-
guée? c'est à quoi le bon vieux Vicomte
ne s'attendoit gueres, lorsqu il maria sa
chere fille, sa fille unique, à un homme
de si belle apparence, & qu'elle trouvoit elle même de son goût. Une autre
que moi traiteroit votre pere de tyran.
Tout le monde lui doit ce nom, &
vous ne devez pas vous en offenser si
vous aimez votre mere. D'un autre côté,
on ne sçauroit s'empêcher de la trouver
moins à plaindre, lorsqu'on se rappelle
que c'est elle-même qui s'est attiré ses
disgraces (soit que la mauvaise humeur
de votre pere vienne de sa goute ou de
toute autre cause) par une foiblesse indigne de sa naissance & de ses belles qualités, en accordant tout à des esprits
hautains & présomptueux, (bornez
cette reflexion à votre frere, si vous
avez peine à l'étendre plus loin) & cela
dans quelle vûe? pour se procurer une
tranquillité passagere, qui méritoit d'autant moins d'être considerée, que les
efforts qu'elle a faits, pour y parvenir,
n'ont servi qu'à fortifier l'ascendant des

autres, à proportion qu'ils ont affoibli le fien, & l'ont rendue enfin l'efclave d'un empire arbitraire, qui eft fondé fur fa patience. Et quel en eft le fruit ? de fe voir forcée aujourd'hui, contre fon propre jugement, d'abandonner le plus digne de fes enfans & de le facrifier à l'amour propre & à l'ambition du plus indigne. Mais je me hâte de paffer à d'autres fujets. Me pardonnerez - vous d'en avoir tant dit ? J'ajoûterai néanmoins que ce n'eft pas la moitié de ce que j'ai dans le cœur.

On attend ce foir de Londres M. Hickman. Je l'ai prié de s'y informer un peu foigneufement de la vie que Lovelace mene à la Ville. S'il ne l'a pas fait, il n'aura pas lieu d'être content de mon humeur. Cependant ne vous attendez pas à des récits fort avantageux. Lovelace eft une creature intriguante & remplie d'inventions.

En verité nous devrions méprifer fouverainement ces Meffieurs-là. Que ne laiffent-ils en repos nos peres & nos meres, au lieu de les venir tourmenter par leurs offres dorées, par leurs proteftations, par leurs belles peintures d'établiffement, & par toutes leurs oftentations ridicules, qui ne tournent qu'a notre tourment ?

Vous & moi, ne pourrions nous pas me-
ner ensemble la plus charmante vie du
monde & ne les voir tous qu'avec mépris ? Pourquoi prêter l'oreille à leurs
flateries, & nous laisser prendre au pie-
ge, comme les plus sots de tous les oiseaux, pour tomber dans un état d'ef-
clavage ou de vile fubordination ? Le bel
avantage, d'être traitées en Princeffes
pendant quelques femaines, pour l'être
en efclaves pendant tout le refte de notre
vie ! De bonne foi, ma chere, je les
regarde tous comme vous regardez Solmes ; je ne puis les fouffrir. Mais vos
Parens, (car je ne veux plus leur donner
le nom de vos amis, dont ils font indignes) vos Parens, dis-je, qui font capables de vous vendre au prix qui leur
eft offert par un miférable, & qu'il ne
ne peut leur compter qu'en dépouillant
tous les fiens de leurs réverfions naturelles ; faut-il beaucoup de juftice & de raifon pour les trouver auffi méprifables
que lui ?

M. Hickman fondera Milord M... fur
l'article que vous me recommandez. Je
pourrois vous dire d'avance ce que Milord
répondra, lui & les fiens, lorfqu'on les
fera tomber fur cette matiére. Qui ne fe
feroit pas honneur d'une alliance avec

Miss Clariſſe Harlove ? Madame Forteſcue m'a dit qu'ils ne parlent de vous
qu'avec admiration,

Si vous n'avez pas trouvé aſſez de clarté
dans mes avis ſur votre ſituation , je les
repete en un ſeul mot. Reprenez vos
droits. Tout le reſte ſuivra naturellement.

On nous a dit ici que Madame Norton , comme votre tante Hervey , s'étoit
déclarée pour le parti de l'obéiſſance
aveugle. Si elle a pû penſer que la part
qu'elle a eue à votre éducation , & vos
admirables qualités naturelles & acqui-
ſes , doivent être proſtituées à un miſérable tel que Solmes , je la déteſte pour
toute ma vie. Il peut vous venir à l'eſprit
que je cherche à diminuer un peu la conſidération que vous avez pour cette ver-
tueuſe femme. Peut-être ne vous trom-
periez-vous pas tout à fait ; car pour
vous avouer la verité , je ne l'aime pas
tant que je l'aimerois , ſi vous la voiant
aimer un peu moins j'étois bien ſûre que
vous m'aimez plus qu'elle.

Votre mere vous a déclaré que vous
aurez à ſ uffrir de rudes épreuves ; que
vous êtes déſormais ſous la diſcipline de
votre pere . (ces termes ſeuls ſont capables de m'inſpirer du mépris pour ceux

qui donnent occasion de les employer)
qu'il n'est plus en son pouvoir de vous
secourir, & que si vous avez quelque
faveur à esperer, ce n'est plus que par
la médiation de vos oncles. Je suppse
que vous écrirez à ces deux Arbitres de
votre sort, puisqu'on vous a défendu de
les voir. Mais est-il possible qu'une telle
femme, une telle sœur, une telle mere,
n'ait aucune influence dans sa propre
famille ? Qui souhaitera de se marier,
comme vous le dites si bien, lorsqu'il
pourra vivre dans le célibat ! Ma bile
recommence à s'échauffer. Reprenez vos
droits, ma chere : c'est tout ce que je
puis dire à présent ; de peur de vous offenser, lorsque j'ai le malheur de ne
pouvoir vous servir.

ANNE HOWE.

*Fin de la premiere Partie
du premier Volume.*